大学入試

“正しく書ける”英作文

…学 著

教学社

はじめに

本書を書くにあたって最も重視したのは、**入試本番で未知の和文英訳の問題が出題されても、自力で合格答案を書く力を身に付けること**です。そのために、**膨大な入試問題を体系的に整理して、和文英訳の普遍的なルールを抽出すること**に専念しました。**和文英訳の問題に触れる数が増えるほど、そこで頻出の表現、フレーズ、文法が浮き彫りになります。**

まずは**数年に及ぶ和文英訳の出題文をチェック**し、それを**体系的に整理**して、そこから**頻出のパターンを抽出**しました。それを**本書では理解しやすいように配置して、説明を加えました。**さらに、**その知識が定着できるような仕掛けを施しました。**

和文英訳というのは、発信型の英語に分類されます。受信型の英語であるリーディングやリスニングではいくつもの表現を覚える必要がありますが、発信型の英語であるライティングでは、1つの表現に対していくつもの言い回しを覚える必要はありません。本書では別解を用意することなく、**あえて模範解答を1つに絞り込んでいます。**また、模範解答は何度もネイティブの先生にチェックをかけてもらって、正確性と共に高校生が受験本番に書くことのできる現実的な答案に仕上げています。これにより、**和文英訳の学習効率を最大限に高める**ことができます。

本書の**口頭チェックテスト**を、徹底してやり込んでください。本書を一冊やり終えた後には、**日本語を英語に変換する和文英訳脳**がしっかりと出来上がっていることでしょう。

肘井(ヒジイ)　学(ガク)

もくじ

その13 動詞の章

その14 頻出テーマの章

本書の特長

特長 I

和文英訳を88のパターンに体系化!!

本書では、**和文英訳を88のパターンに体系化**して14の章に分けて整理することで、学習効率を最大化することを狙いとしました。和文英訳の学習を、単なる解答の丸暗記から、パターンで体系化して習得することで、**未知の問題にも対応できる力を身に付ける**ことができます。

特長 II

模範解答は1つに絞る!!

本書では、**模範解答をあえて1つに絞る**ことで、発信型の英語である和文英訳に必要な力を最短で身に付けることを狙いとしています。私自身が、和文英訳を学習する際に、自分の書いたものとおよそ無関係の模範解答が複数あって混乱したことから、あえて**この表現を覚えればよいという模範解答を1つだけ提示**しています。

特長 III

25の和文英訳POINT!!

学習のメリハリを付けるために、**和文英訳 POINT** を複数設けています。この POINT で、表現の幅を広げて、知識を整理することで、和文英訳の力を万全のものにしてください。

特長 Ⅳ

すべての英文を複数回ネイティブチェック!!

受験生がそのまま丸暗記して試験本番で使えるように、本書で扱う**英文すべてにネイティブチェックを複数回**かけています。かつ、ネイティブから提案された英語表現を、高校生に現実的な表現に修正して、本書の模範解答は作られています。

特長 Ⅴ

確認に使える口頭チェックテスト付き!!

パターンを1つ終えるごとに、**口頭チェックテスト**を設けてあります。**このテストで、本当に和文英訳の知識が定着しているかを確認してみてください。**先に単語やイディオムレベルの口頭チェックテストを完璧にすることで、センテンスレベルの口頭チェックテストをスムーズに行うことができます。先生にテストしてもらったり、友人同士でテストし合うなど、他の問題で応用できる知識が定着しているかどうか確認してみてください。

本書を使い込んで、和文英訳力を
最高峰まで引き上げてください!

本書の使い方

1 和文英訳クイズ を解く

まずは**【和文英訳クイズ】**を解きます。一部、英文のヒントがあるなど、演習問題や応用問題よりも簡単な英作文になっています。それを基に解答を考えてみましょう。

▽▽

2 演習問題 を解く

次に**【演習問題】**を解きます。**【演習問題】**は、問題の日本語から、まずは文の骨格を組み立てましょう。**【和文英訳クイズ】**で学んだ知識をそのままいかせるので、つながりを意識しながら解いてみてください。

▽▽

3 応用問題 を解く

続いて、**【応用問題】**を解いていきます。**【応用問題】**は**【演習問題】**を少し難しくしたものになっています。**【和文英訳クイズ】**⇒**【演習問題】**⇒**【応用問題】**と、徐々に難易度を上げながら、知識の定着、応用をはかっていきます。

▽▽

4 口頭チェックテスト で、全体の知識を確認する

各パターンの終わりに**【口頭チェックテスト】**を設けています。その章の重要な知識が定着しているかを確認してください。完璧になるまで、何度も繰り返してください。試験直前に見直すことで、本番の試験で高得点を目指すことができます。

その

1

形容詞のカタマリの章

英語と日本語の最大のギャップとも言えるのが、名詞修飾の方法です。**日本語では形容詞のカタマリを前に置く**のが、**英語では形容詞のカタマリを後ろに置きます。**例えば、日本語の「**ゆりかごで眠っている**赤ん坊」は、英語では a baby **sleeping in a cradle** とします。日本語では「ゆりかごで眠っている」と前に形容詞のカタマリを置くのに対して、英語では sleeping in a cradle と後ろに形容詞のカタマリを置きます。sleeping は現在分詞で、それ以外に名詞の後ろに置いて修飾する品詞は、**不定詞・関係詞**などがあるので、形容詞のカタマリを作る英語の修飾方法をまとめておさえていきましょう。

PATTERN 1 「～な 名詞 」①

和文英訳クイズ

日本語を参考にして、下の空所に適切な英語を書きなさい。

医師になりたい学生は、医科大学に行く。

[ ] goes to medical school.

「**医師になりたい学生**」に着目すると、「～な 名詞 」になっています。英語では語順を逆転させて、「 名詞 ～」にします。～には、関係代名詞・不定詞の形容詞的用法・分詞などを使いますが、「医師になりたい」と動詞があるので関係詞を使って、**The student who wants to become a doctor** とします。完成した英文は、**The student who wants to become a doctor goes to medical school.** になります。続いて、**演習問題**に進みます。

演習問題

次の日本語を英語に直しなさい。

3日前に有名な小説を書いた女性に会いました。

主語のIを補うと、文の骨格は「**3日前に私は～な女性に会いました**」なので、**I met a woman ～ three days ago.** とします。「有名な小説を書いた女性」は「**～な** 名詞 」なので、「 名詞 ～」に逆転させて、関係詞を使って **a woman who wrote a famous novel** とします。まとめると、**I met a woman who wrote a famous novel three days ago.** が正解になります。続いて、**応用問題**に進みます。

応用問題

次の日本語を英語に直しなさい。

19世紀の画家たちが生涯を捧げた絵画の美しさに私は大いに興奮した。

文の骨格は、「～美しさに私は大いに興奮した」なので、**get excited about** ～「～に興奮する」を使って、**I got greatly excited about ～ .** とします。「19世紀の画家たちが生涯を捧げた絵画の美しさ」は「～な **名詞** 」となっているので、「 **名詞** ～」に逆転させて、**the beauty of the paintings to which painters in the 19th century devoted their lives** とします。to which は、devote A to B「A を B に捧げる」の to が前に出てきた形です。まとめると、**I got greatly excited about the beauty of the paintings to which painters in the 19th century devoted their lives.** が正解になります。

PATTERN 1の「～な **名詞** 」は、**関係詞を使って名詞を修飾する方法**でした。「～」に動詞や SV の文構造が入ると関係詞を使うことがあります。**口頭チェックテスト**で、単語レベルの日本語⇒英語、文レベルの日本語⇒英語を完璧に仕上げて、先に進んでください。

口頭チェックテスト **Words&Phrases**

□	① 医科大学	medical school
□	② 小説	novel
□	③ A を B に捧げる	devote A to B
□	④ ～に興奮する	get excited about ～

口頭チェックテスト **Sentences**

□	① 医師になりたい学生は、医科大学に行く。 The student who wants to become a doctor goes to medical school.
□	② 3日前に有名な小説を書いた女性に会いました。 I met a woman who wrote a famous novel three days ago.
□	③ 19世紀の画家たちが生涯を捧げた絵画の美しさに私は大いに興奮した。 I got greatly excited about the beauty of the paintings to which painters in the 19th century devoted their lives.

PATTERN 2

「～な 名詞 」②

和文英訳クイズ

日本語を参考にして、下の空所に適切な英語を書きなさい。

面接の中で挙げられたいくつかの話題には、私はなじみがあった。

I [ ] some of the topics [ ].

文の骨格は、「**～には、私はなじみがあった**」から、**be familiar with** ～「**～になじみがある**」を使って、**I was familiar with ～.** とします。「面接の中で挙げられたいくつかの話題」は、「**～な** 名詞 」となっています。英語では修飾するものは後ろに置くので、「 名詞 ～」に語順を換えます。名詞を修飾するには、不定詞の形容詞的用法・現在分詞・過去分詞・関係詞などがあります。このクイズでは「面接の中で挙げられた」と受動の意味を込めたいので **bring up** ～「(話題などを) 持ち出す」の過去分詞を使って、**some of the topics brought up in the interview** とします。最初の空所には **was familiar with**、二番目の空所には **brought up in the interview** が入ります。関係詞を使って、which were brought up in the interview としても正解です。完成した英文は、**I was familiar with some of the topics (which were) brought up in the interview.** になります。続いて、**演習問題**に進みます。

演習問題

次の日本語を英語に直しなさい。

この夏、私はアメリカ東部に位置する大都市であるボストン(Boston)を訪れた。

文の骨格は、「私は～ボストンを訪れた」なので、**I visited Boston ～.** とします。「アメリカ東部に位置する大都市であるボストン」は、「**～な** 名詞 」なので、「 名詞 ～」に語順を換えます。「～に位置する」なので locate の過去分詞を使って、**a large city located in the eastern United States** として、Boston とは同格のカンマでつなぎます。まとめると、**Last summer, I visited Boston, a large city located in the eastern United States.** が正解になります。locate は「位置させる」の意味で、「～に位置する」では受動態にして **be located in** ～とすること、過去分詞にして名詞を修飾する際には 名詞 ＋**located in** ～「～

に位置する 名詞 」と使うことをおさえておきましょう。続いて、**応用問題**に進みます。

応用問題

次の日本語を英語に直しなさい。

16歳から70歳まで働く典型的な女性は、同じ期間働く男性より約59万ドル少なく稼ぐだろうと見積もられている。

文の骨格は、「〜典型的な女性は、…と見積もられている」から、**A typical woman 〜 is estimated to *do*….** とします。「16歳から70歳まで働く典型的な女性」は、**現在分詞の working** と **from A to B**「AからBまで」を使って、**A typical woman working from 16 to 70 years old** とします。続いて、「同じ期間働く男性より約59万ドル少なく稼ぐ」は、**earn about 590,000 dollars less than a man working during the same period** とします。まとめると、**A typical woman working from 16 to 70 years old is estimated to earn about 590,000 dollars less than a man working during the same period.** が正解です。

分詞の後置修飾を扱いました。**「〜する 名詞 」なら現在分詞**、**「〜される 名詞 」なら過去分詞**を使って表現しましょう。

口頭チェックテスト Words&Phrases

□	① 面接	interview
□	② (話題を) 持ち出す	bring up 〜
□	③ 話題	topic
□	④ 〜になじみがある	be familiar with 〜
□	⑤ アメリカ東部に	in the eastern United States
□	⑥ 〜に位置する	be located in 〜
□	⑦ 典型的な	typical
□	⑧ 〜すると見積もられている	be estimated to *do*
□	⑨ 稼ぐ	earn

口頭チェックテスト Sentences

□ ① 面接の中で挙げられたいくつかの話題には、私はなじみがあった。

I was familiar with some of the topics brought up in the interview.

□ ② この夏、私はアメリカ東部に位置する大都市であるボストン (Boston) を訪れた。

Last summer, I visited Boston, a large city located in the eastern United States.

□ ③ 16歳から70歳まで働く典型的な女性は、同じ期間働く男性より約59万ドル少なく稼ぐだろうと見積もられている。

A typical woman working from 16 to 70 years old is estimated to earn about 590,000 dollars less than a man working during the same period.

PATTERN 3 「～な名詞」③

和文英訳クイズ

日本語を参考にして、下の空所に適切な英語を書きなさい。

大統領になろうという彼女の野心はおそらく実現するだろう。

[　　　　　　　　　　　　　　　　　　] will probably come true.

「～という彼女の野心」から、不定詞の形容詞的用法を使って、**her ambition to *do*** とします。「大統領になろう」から、**to be the president** として、空所には **Her ambition to be the president** を入れます。完成した英文は、**Her ambition to be the president will probably come true.** になります。**不定詞の形容詞的用法と相性が良い名詞**を紹介します。名詞+**to *do*** とセットフレーズでおさえておきましょう。

和文英訳POINT1　**不定詞の形容詞的用法のセットフレーズ**

□	～する決意	decision to *do*
□	～する能力	ability to *do*
□	～する試み	attempt to *do*
□	～する意図	intention to *do*
□	～する傾向	tendency to *do*
□	～する手段	means to *do*
□	～する野心	ambition to *do*
□	～する機会	a chance [an opportunity] to *do*

続いて、**演習問題**に進みます。

演習問題

次の日本語を英語に直しなさい。

私たちには、その計画に反対であると言う勇気がなかった。

文の骨格は、「私たちには〜勇気がなかった」から、**We did not have the courage 〜.** とします。「その計画に反対であると言う勇気」は、不定詞の形容詞的用法を使って、**the courage to say that we were against the plan** とします。「〜に反対する」は **be against** 〜、「〜に同意する」は **agree with** 〜とおさえておきましょう。まとめると、**We did not have the courage to say that we were against the plan.** が正解になります。続いて、**応用問題**に進みます。

応用問題 1

次の日本語を英語に直しなさい。

ひょっとすると、そのような大人たちは子どもの時に多くの異なる食べ物に触れる機会がなかったのかもしれない。

文の骨格は「そのような大人たちは〜機会がなかった」になるので、**such adults did not have a chance** 〜とします。「子どもの時に多くの異なる食べ物に触れる機会」は、不定詞の形容詞的用法の **a chance [an opportunity] to *do*「〜する機会」**を使って、**a chance to taste many different kinds of food in their childhood** とします。「子どもの時」は **in *one's* childhood**「〜の子ども時代」としましょう。まとめると、**Perhaps such adults did not have a chance to taste many different kinds of food in their childhood.** が正解です。次の**応用問題**に進みます。

応用問題 2

次の日本語を英語に直しなさい。

少し考えれば作り事だとわかるのだが、われわれは心地よい物語を信じてしまう傾向がある。

「少し考えれば作り事だとわかる」は、主語の we を補って、**we find it to be fiction when we think a little bit about it,** とします。「作り事」は「作り話」のことなので **fiction** とします。「われわれは〜を信じてしまう傾向がある」は不定詞の形容詞的用法を使って、**we have a tendency to believe** 〜とします。「心地よい物語」は「良く聞こえる物語」と読み換えて、**a story that sounds good** とします。まとめると、**Althogh we find it to be fiction when we think a little bit about it, we have a tendency to believe a story that sounds good.** が正解になります。

口頭チェックテスト　Words&Phrases

☐	① 大統領	the president
☐	② 〜する野心	ambition to *do*
☐	③ おそらく	probably
☐	④ 実現する	come true
☐	⑤ 計画	plan
☐	⑥ 〜に反対する	be against 〜
☐	⑦ 〜する勇気	courage to *do*
☐	⑧ ひょっとすると	perhaps
☐	⑨ そのような	such
☐	⑩ 〜する機会	a chance [an opportunity] to *do*
☐	⑪ 子どもの時	in *one's* childhood

口頭チェックテスト　Sentences

① 大統領になろうという彼女の野心はおそらく実現するだろう。

Her ambition to be the president will probably come true.

② 私たちには、その計画に反対であると言う勇気がなかった。

We did not have the courage to say that we were against the plan.

③ ひょっとすると、そのような大人たちは子どもの時に多くの異なる食べ物に触れる機会がなかったのかもしれない。

Perhaps such adults did not have a chance to taste many different kinds of food in their childhood.

④ 少し考えれば作り事だとわかるのだが、われわれは心地よい物語を信じてしまう傾向がある。

Althogh we find it to be fiction when we think a little bit about it, we have a tendency to believe a story that sounds good.

PATTERN 4 「～という名詞」①

和文英訳クイズ

日本語を参考にして、下の空所に適切な英語を書きなさい。

彼が医者であるという事実は、私には何の意味もない。

[ ] means nothing to me.

「彼が医者であるという事実」は、**同格の that** を使って、**The fact that he is a doctor** とします。「**～という** 名詞 」は**同格の that** で表せることがあるので、おさえておきましょう。完成した英文は、**The fact that he is a doctor means nothing to me.** になります。**同格の that と相性の良い名詞**を紹介します。

和文英訳POINT2 **同格のthatのセットフレーズ**

□	～という事実	the fact that ～
□	～という知らせ	the news that ～
□	～という可能性	the possibility that ～
□	～という理論	the theory that ～
□	～という考え	the idea that ～
□	～という信念	the belief that ～

同格の that は「**～という** 名詞 」になりますが、「～」に SV の文構造が入るので、それを特徴に同格の that を使いましょう。続いて、**演習問題**に進みます。

演習問題

次の日本語を英語に直しなさい。

色と光が共存するというその理論は、絵画の基本原則です。

文の骨格は「～その理論は、絵画の基本原則です」なので、**The theory ～ is a basic principle of paintings.** とします。ここでいう「絵画」は、絵画全般を指すので**総称の複数**を使って **paintings** と表現します。「色と光が共存するというその理論」は、**同格の that** を使って、**The theory that color and light coexist** とします。まとめると、**The theory that color and light coexist is a basic principle of paintings.** が正解です。続いて、**応用問題**に進みます。

応用問題 1

次の日本語を英語に直しなさい。

彼らは、コーヒーを飲む人は他の様々な理由でより健康であるとか、あるいは不健康な人はあまりコーヒーを飲んでいない、という可能性を指摘している。

文の骨格は、「彼らは、～という可能性を指摘している」なので、**同格の that** を使って、**They point out the possibility that ～ .** とします。「コーヒーを飲む人は他の様々な理由でより健康であるとか、あるいは不健康な人はあまりコーヒーを飲んでいない」が「～」に入るので、**coffee drinkers are healthier for various other reasons or that unhealthy people do not drink coffee so much** とします。まとめると、**They point out the possibility that coffee drinkers are healthier for various other reasons or that unhealthy people do not drink coffee so much.** が正解です。次の**応用問題**に進みます。

応用問題 2

次の日本語を英語に直しなさい。

人間が自分の都合を優先してしまいがちだという事実は、否定のしようがない。

文の骨格は、「～という事実は、否定のしようがない」から、**There is no *doing*.**「～できない」と**同格の that** を使って、**There is no denying the fact that ～ .** とします。「～」には「人間が自分の都合を優先してしまいがちだ」が入るので、**human beings tend to prioritize their convenience** となります。「～しがちだ」は「～する傾向にある」と同義なので、tend to *do* を使いましょう。まとめると、**There is no denying the fact that human beings tend to prioritize their convenience.** が正解になります。

口頭チェックテスト　Words&Phrases

□	① ～という事実	the fact that ～
□	② 光	light
□	③ 共存する	coexist
□	④ 理論	theory
□	⑤ 基本原則	basic principle
□	⑥ 他の様々な理由で	for various other reasons
□	⑦ ～という可能性	the possibility that ～
□	⑧ 指摘する	point out
□	⑨ 都合	convenience
□	⑩ ～を優先する	prioritize

口頭チェックテスト　Sentences

□	① 彼が医者であるという事実は、私には何の意味もない。
	The fact that he is a doctor means nothing to me.
□	② 色と光が共存するというその理論は、絵画の基本原則です。
	The theory that color and light coexist is a basic principle of paintings.
□	③ 彼らは、コーヒーを飲む人は他の様々な理由でより健康であるとか、あるいは不健康な人はあまりコーヒーを飲んでいない、という可能性を指摘している。
	They point out the possibility that coffee drinkers are healthier for various other reasons or that unhealthy people do not drink coffee so much.
□	④ 人間が自分の都合を優先してしまいがちだという事実は、否定のしようがない。
	There is no denying the fact that human beings tend to prioritize their convenience.

PATTERN 5 「～という 名詞 」②

和文英訳クイズ

次の日本語を英語に直しなさい。

彼女は早く出発するという考えに同意した。

「**～という** 名詞 」の2番目のパターンです。**PATTERN 4**のように、「～」にSVの文構造がある場合は同格のthatでよいのですが、上のクイズのように「早く出発する」と**文構造がない場合は、同格のof**を使います。「早く出発するという考え」は**the idea of leaving early**と表現します。文の骨格は「彼女は～に同意した」なので、**She agreed with the idea of leaving early.**が正解です。続いて、**演習問題**に進みます。

演習問題

次の日本語を英語に直しなさい。

絵を見るという行動は、作者の見た世界を追体験するという行為です。

文の骨格は、「～という行動は、…という行為です」となるので、**同格のof**と**代名詞のone**を使って**The act of ～ is one of ….**とします。**itは後ろに修飾語句を置けない**ので、oneを使います。同格のofの後ろの「～」は「絵を見る」なので、**looking at a picture**とします。「…」の「作者の見た世界を追体験する」とは、「作者の目を通じて世界を見る」ということなので、**looking at the world through the eyes of the painter**とします。ここでの「作者」は小説などの作者ではなく画家を意味するので、writerではなくてpainterを使います。

まとめると、**The act of looking at a picture is one of looking at the world through the eyes of the painter.**が正解です。続いて、**応用問題**に進みます。

応用問題

次の日本語を英語に直しなさい。

私は山に登るという経験をして、前には気付かなかった自然の美しさが見えるようになったんですよ。

文の骨格は、「私は〜、…美しさが見えるようになった」なので、**come to *do***「〜するようになる」を使って、**I came to see the beauty** とします。**演習問題**のような「意識して見る」は **look at** 〜を使いますが、「無意識に見える」は **see** を使うこともおさえておきましょう。「山に登るという経験をして、〜の美しさが見える」は「山に登るという経験を通じて、〜の美しさが見える」と読み換えて、**前置詞の through**「〜を通じて」と**同格の of** を使って、**through the experience of climbing mountains** とします。

最後に「前には気付かなかった自然の美しさ」は、主語の「私が」を補います。関係詞と、「見えるようになった」より時制が古いので過去完了を使って、**the beauty of nature which I had never noticed before** とします。まとめると、**I came to see the beauty of nature which I had never noticed before, through the experience of climbing mountains.** が正解になります。

口頭チェックテスト **Words&Phrases**

□	① 〜に同意する	agree with 〜
□	② 〜という行為	the act of 〜
□	③ 山に登る	climb mountains
□	④ 気付く	notice
□	⑤ 〜するようになる	come to *do*

口頭チェックテスト **Sentences**

- [ ] ① 彼女は早く出発するという考えに同意した。
  She agreed with the idea of leaving early.
- [ ] ② 絵を見るという行動は、作者の見た世界を追体験するという行為です。
  The act of looking at a picture is one of looking at the world through the eyes of the painter.
- [ ] ③ 私は山に登るという経験をして、前には気付かなかった自然の美しさが見えるようになったんですよ。
  I came to see the beauty of nature which I had never noticed before, through the experience of climbing mountains.

PATTERN 6 「SがVする名詞」

和文英訳クイズ

日本語を参考にして、下の空所に適切な英語を書きなさい。

昨日私が食べた肉は美味しくなかった。

[ ] was not good.

「私が食べた肉」に着目すると、「SがVする名詞」になっています。日本語でこの表現を見たら、英語では名詞+SVの語順に書き換えます。よって、「私が食べた肉」は **The meat I ate** と表現するので、空所には **The meat I ate yesterday** が入ります。完成した英文は、**The meat I ate yesterday was not good.** になります。和文英訳の数多くある技術の中でも、この「**SがVする名詞**」を**名詞+SV**に転換する技術はもっとも使えると言っても過言ではないので、ぜひおさえておきましょう。続いて、**演習問題**に進みます。

演習問題

次の日本語を英語に直しなさい。

我々が食べている野菜には、日本の風土や日本人の味覚に合うように改良が重ねられてきたものが多い。

「我々が食べている野菜」に着目すると、「SがVする名詞」なので、**総称の複数**を使って、**vegetables we eat** とします。文の骨格は、「〜野菜には、…が多い」なので、**Many vegetables we eat 〜.** とします。続いて、「〜するように改良が重ねられてきたものが多い」を、「〜するように繰り返し改良されてきた」と読み換えて、**have been repeatedly improved to *do*** 〜とします。

最後に「日本の風土や日本人の味覚に合うように」は、**to suit the Japanese climate and Japanese taste** とします。「風土」とは「その土地の気候・地形などの自然環境」を意味するので **climate** で表します。まとめると、**Many vegetables we eat have been repeatedly improved to suit the Japanese climate and Japanese taste.** が正解になります。続いて、**応用問題**に進みます。

応用問題

次の日本語を英語に直しなさい。

僕たちにできる重要なことの1つは、環境問題と動物の多様性についての意識を高めることだよ。

「僕たちにできる重要なこと」に着目すると、「SがVする 名詞 」なので、名詞 +SVの語順にして、**the important things we can do** とします。文の骨格は、「〜の1つは、…高めること」から、**One of 〜 is to raise ….** とします。**one of 〜の「〜」は必ず複数名詞を使う**ことをおさえておきましょう。

最後に「…」は「環境問題と動物の多様性についての意識」が入るので、**awareness about environmental problems and animal diversity** とします。「環境問題」は複数の問題があるので、**problems と複数形**にしましょう。まとめると、**One of the important things we can do is to raise awareness about environmental problems and animal diversity.** が正解になります。

口頭チェックテスト Words&Phrases

□	① 風土	climate
□	② 味覚に合う	suit the taste
□	③ 改良が重ねられてきた	have been repeatedly improved
□	④ 環境問題	environmental problems
□	⑤ 多様性	diversity
□	⑥ 意識を高める	raise awareness

口頭チェックテスト **Sentences**

- ① 昨日私が食べた肉は美味しくなかった。
  The meat I ate yesterday was not good.
- ② 我々が食べている野菜には、日本の風土や日本人の味覚に合うように改良が重ねられてきたものが多い。
  Many vegetables we eat have been repeatedly improved to suit the Japanese climate and Japanese taste.
- ③ 僕たちにできる重要なことの1つは、環境問題と動物の多様性についての意識を高めることだよ。
  One of the important things we can do is to raise awareness about environmental problems and animal diversity.

PATTERN 7 「～する人［人々］」①

和文英訳クイズ

日本語を参考にして、下の空所に適切な英語を書きなさい。

明日コンサートに一緒に行ってくれる人を探しています。
I am looking for [　　　　　　] will go to the concert with me tomorrow.

「～人」は、いくつか表現の可能性がありますが、このクイズでは、1人を対象とした「～な人」なので、**a person who** ～を使います。よって、空所には **a person who** を入れましょう。完成した英文は、**I am looking for a person who will go to the concert with me tomorrow.** になります。続いて、**演習問題**に進みます。

演習問題

次の日本語を英語に直しなさい。

友達のバンドが明後日コンサートをするんだけど、ホールに楽器を運んでくれる人を探しているんだ。

「友達のバンドが明後日コンサートをする」から、【予定】を表す **be going to** を使って、**My friend's band is going to hold a live concert the day after tomorrow** とします。「パーティを開く」、「会議を開く」、「コンサートを開く」とすべて hold を使って、**hold a party**、**hold a meeting**、**hold a concert** とするので、おさえておきましょう。「明後日」は **the day after tomorrow** とします。反対に「一昨日」は、**the day before yesterday** とします。

続いて、「ホールに楽器を運んでくれる人を探しているんだ」は、主語の the members を補って、**the members are looking for** ～とします。「ホールに楽器を運んでくれる人」は、複数の人が必要だと類推できるので、**people who can carry their musical instruments into the hall** とします。まとめると、**My friend's band is going to hold a live concert the day after tomorrow, and the members are looking for people who can carry their musical instruments into the hall.** が正解になります。続いて、**応用問題**に進みます。

応用問題

次の日本語を英語に直しなさい。

待つことにすぐイライラする人は、弱いと感じる。

この文も主語を補って、「私は～と感じる」と読み換えて、**I feel that ～.** とします。「待つことにすぐイライラする人」は、そういった人を総称して言っているので複数人いることを類推して、**people who get immediately irritated when they are kept waiting** とします。ここでの「待つ」は「自主的に待つ」ではないため、「待たされる」と読み換えて受動態にします。まとめると、**I feel that people who get immediately irritated when they are kept waiting are weak.** が正解です。

口頭チェックテスト Words&Phrases

□	① ～人（単数）	a person who ～
□	② ～人々（複数）	people who ～
□	③ 明後日	the day after tomorrow
□	④ 楽器	musical instrument
□	⑤ すぐに	immediately
□	⑥ イライラする	get irritated

口頭チェックテスト Sentences

□ ① 明日コンサートに一緒に行ってくれる人を探しています。
I am looking for a person who will go to the concert with me tomorrow.

□ ② 友達のバンドが明後日コンサートをするんだけど、ホールに楽器を運んでくれる人を探しているんだ。
My friend's band is going to hold a live concert the day after tomorrow, and the members are looking for people who can carry their musical instruments into the hall.

□ ③ 待つことにすぐイライラする人は、弱いと感じる。
I feel that people who get immediately irritated when they are kept waiting are weak.

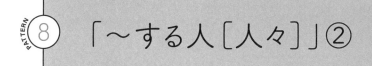

PATTERN 8 「〜する人［人々］」②

和文英訳クイズ

日本語を参考にして、下の空所に適切な英語を書きなさい。

田舎暮らしの人は、都会の人々に比べて健康的である。

[　　　　　　] live in the country are healthier than [　　　　] live in the city.

「田舎暮らしの人」から、田舎に暮らしている人全般を指すので、複数の **People who** を最初の空所に入れます。２つめの空所には people の代名詞の **those who** を使いましょう。**those who** は単独で使っても「〜する人々」の意味になります。完成した英文は、**People who live in the country are healthier than those who live in the city.** になります。**田舎・都会にまつわる英語表現**も頻出なので、整理しましょう。

和文英訳POINT3　**田舎・都会にまつわる英語表現**

□	田舎	country
□	都会	city
□	郊外	suburb
□	田舎生活	country life
□	都会生活	city life

田舎、都会を表す単語はいくつかありますが、和文英訳の際は、「田舎」**country**、「都会」**city** で覚えます。「郊外」は **suburb** で覚えましょう。和文英訳で出題されることのある「田舎生活」は **country life**、「都会生活」は **city life** でおさえておきましょう。続いて、**演習問題**に進みます。

演習問題

次の日本語を英語に直しなさい。

ストレスの多い現代社会に対処するのに苦労している多くの人々にカウンセリングや支援を提供するのは重要なことだ。

「〜するのは重要なことだ」から、**It is important to *do* 〜 .** を使います。「〜多くの人々にカウンセリングや支援を提供する」から、**provide B for A**「A に B を提供する」を使って、**provide counseling and support for many people who** 〜とします。provide A with B を使うには、A の情報が「ストレスの多い現代社会に対処するのに苦労している多くの人々」と重すぎるので、後ろに回せる provide B for A にしましょう。「ストレスの多い現代社会に対処するのに苦労している」は、**have trouble *doing***「〜するのに苦労する」を使って、**have trouble dealing with stressful modern society** とします。まとめると、**It is important to provide counseling and support for many people who have trouble dealing with stressful modern society.** が正解になります。続いて、**応用問題**に進みます。

応用問題

次の日本語を英語に直しなさい。

この大都市では多くの変化があまりにも速く起きているので、長年住んでいる人でさえ道に迷うことがある。

文の骨格は、「〜ので、…人でさえ道に迷うことがある」から、**As 〜 , even people who … can get lost.** としましょう。As の後ろには、「この大都市では多くの変化があまりにも速く起きているので」から、**many changes occur too rapidly in this big city** とします。続いて、「長年住んでいる人でさえ」は、**even people who have lived here for a long time** としましょう。まとめると、**As many changes occur too rapidly in this big city, even people who have lived here for a long time can get lost.** が正解になります。

口頭チェックテスト Words&Phrases

□	① 田舎	country
□	② 都会	city
□	③ 健康的な	healthy
□	④ ストレスの多い	stressful
□	⑤ 現代社会	modern society
□	⑥ 対処する	deal with
□	⑦ ～するのに苦労する	have trouble *doing*
□	⑧ 支援	support
□	⑨ A に B を提供する	provide A with B (provide B for A)
□	⑩ ～でさえ	even
□	⑪ 道に迷う	get lost

口頭チェックテスト Sentences

□ ① 田舎暮らしの人は、都会の人々に比べて健康的である。

People who live in the country are healthier than those who live in the city.

□ ② ストレスの多い現代社会に対処するのに苦労している多くの人々にカウンセリングや支援を提供するのは重要なことだ。

It is important to provide counseling and support for many people who have trouble dealing with stressful modern society.

□ ③ この大都市では多くの変化があまりにも速く起きているので、長年住んでいる人でさえ道に迷うことがある。

As many changes occur too rapidly in this big city, even people who have lived here for a long time can get lost.

特別コラム　その1

総称の複数

和文英訳で、とても重要な知識の1つである**総称の複数**という用法を紹介します。

例えば、「私は犬が好きだ」と言いたいとき、I like の続きで、a dog にするか、the dog にするのか、冠詞に迷う人が多くなります。冠詞の使い分けというのは、私のような英語指導にたずさわる人間、それから英語ネイティブですら、人によって異なる、そして、判断が難しい分野の1つになります。そこで登場するのが**総称の複数**というルールです。

その名詞全般を表したいときは「複数形」にすれば良いのです。「犬が好きだ」と犬全般を表したいときは、a も the も付けずに、複数形にすれば良いのです。**総称の複数とは、その名詞全般を表したいときに名詞を複数形にする**というルールになります。ですから、「私は犬が好きだ」は、I like dogs. にすれば正解になります。

「犬が好き」以外にも、「猫が好き」、「鳥が好き」、「リンゴが好き」でも、I like cats ／ birds ／ apples. と**総称の複数**にすれば良いのです。

とても便利なルールなので、ぜひ使いこなせるようになりましょう。

その

2

名詞のカタマリの章

日本語で「～こと」と言っても、英語では不定詞の名詞的用法・動名詞・名詞節の that・関係代名詞の what など、複数の用法があります。どのような場合に、不定詞・動名詞・名詞節の that・関係代名詞の what を使うのかを学んでいきましょう。続いて、「～かどうか」は whether と if がありますが、if のカタマリは主語で使えないなどの制約があるので、whether を使うことをおすすめします。最後に、「～する方法」は、「～」に文構造があれば the way SV、「～」に文構造がなければ way to *do* を使いましょう。

PATTERN 9 「～こと」①

和文英訳クイズ

日本語を参考にして、下の空所に適切な英語を書きなさい。

重要なのは、あなたが今すぐ彼のところに戻ることである。

[　　　　　　　　] is [　　　] you go back to him right now.

日本語で「～こと」という表現は思っているよりも多いもので、英作文でも同様に頻出の表現です。例えば「重要なこと」と言われると、関係代名詞の what を使って **what is important** とします。また、上のクイズのように、「重要なこと」という表現は、よく「重要なのは」と表現されることもあり、どちらも **what is important** で表します。

続いて、上のクイズの「あなたが今すぐ彼のところに戻ること」は、接続詞の that を使って、**that you go back to him right now** で表します。what は後ろが不完全文、that は後ろが完全文という違いがあります。what と組み合わさって、「～なのは、…ことだ」を **What ～ is that ….** と英訳することはよくあるので、おさえておきましょう。完成した英文は、**What is important is that you go back to him right now.** になります。続いて、**演習問題**に進みます。

演習問題

次の日本語を英語に直しなさい。

被災者が今必要としているのは、食料と水である。

「被災者が今必要としているのは」を「被災者が今必要としていることは」と読み換えることができるので、関係代名詞の what を使って、**what the victims need now** とします。これを主語にして、補語には「食料と水」なので、**food and water** としましょう。まとめると、**What the victims need now is food and water.** が正解になります。続いて、**応用問題**に進みます。

応用問題1

次の日本語を英語に直しなさい。

重要なことは私達に間違った情報を見抜く能力があるかどうかということだ。

前のページのクイズで説明した通り、「重要なこと」を **what is important** で表します。続いて、「私達に〜能力があるかどうか」は、**whether 〜 or not**「**〜かどうか**」と **the ability to *do***「〜する能力」を使って、**whether we have the ability to *do* 〜 or not** とします。「間違った情報を見抜く」は、**detect wrong information** としましょう。ちなみに、**find** は「なくしたものを見つける」、**discover** は「偶然、探検などで見つける」、**detect** は「病気、悪事、秘密などを見つける」と使います。「見つける」の使い分けをまとめます。

和文英訳POINT4 **「見つける」の使い分け**

□	なくしたものを見つける	find
□	偶然、探検などで見つける	discover
□	病気、悪事、秘密などを見つける	detect

完成した英文は、**What is important is whether we have the ability to detect wrong information or not.** になります。次の**応用問題**に進みます。

応用問題2

次の日本語を英語に直しなさい。

しかし、もっと重要なことは作家達が彼等が生きた時代をどのように見ていたかを知ることだ。

「もっと重要なことは〜ことだ」は、**what is more important** を使って、**what is more important is 〜.** とします。「〜」の部分の「知る」には主語がないので、名詞節の that ではなくて、不定詞の名詞的用法を使います。よって、「作家達が彼等が生きた時代をどのように見ていたかを知ること」は、不定詞と疑問詞の how「どのように〜」を使って、**to know how writers see their own times** とします。まとめると、**However, what is more important is to know how writers see their own times.** が正解になります。

口頭チェックテスト　Words&Phrases

□	① 重要なこと	what is important
□	② 今すぐ	right now
□	③ ～に戻る	go back to ～
□	④ 被災者	victim
□	⑤ 間違った	wrong
□	⑥ 情報	information
□	⑦ 見抜く	detect
□	⑧ ～する能力	the ability to *do*
□	⑨ ～かどうか	whether ～ or not
□	⑩ 作家	writer
□	⑪ 時代	times
□	⑫ どのように	how

口頭チェックテスト　Sentences

□ ① 重要なのは、あなたが今すぐ彼のところに戻ることである。
What is important is that you go back to him right now.

□ ② 被災者が今必要としているのは、食料と水である。
What the victims need now is food and water.

□ ③ 重要なことは私達に間違った情報を見抜く能力があるかどうかということだ。
What is important is whether we have the ability to detect wrong information or not.

□ ④ しかし、もっと重要なことは作家達が彼等が生きた時代をどのように見ていたかを知ることだ。
However, what is more important is to know how writers see their own times.

PATTERN 10 「〜こと」②

和文英訳クイズ

日本語を参考にして、下の空所に適切な英語を書きなさい。

過度にストレスを感じるときは、仕事をやめてしばし休憩を取ることが大切です。
When you feel stressed out, [   ].

「〜することは可能［不可能］だ」や「〜することは必要［重要、大切］だ」、「〜することは簡単だ［難しい］」は、形式主語の it を使った不定詞の名詞的用法の構文である **It is 形容詞 to *do* 〜 .** の構文を使いましょう。上のクイズでも、「仕事をやめてしばし休憩を取ることが大切です」とあるので、形式主語の it を使って、**it is important to stop working and take a rest for a while** とします。「しばし」は「しばらくの間」と読み換えて **for a while** で表し、「休憩を取る」は **take a rest** とします。完成した英文は、**When you feel stressed out, it is important to stop working and take a rest for a while.** になります。続いて、**演習問題**に進みます。

演習問題

次の日本語を英語に直しなさい。

私の考えでは、会社が商品やサービスについてテレビコマーシャルで言うことを信用しないのは消費者にとって重要です。

「私の考えでは」は **in my opinion** とします。「〜しないのは消費者にとって重要です」は、形式主語の it と不定詞の主語の for 〜、不定詞の名詞的用法の否定形 not to *do* を使って、**it is important for consumers not to *do*** 〜とします。最後に、「会社が商品やサービスについてテレビコマーシャルで言うことを信用しない」は、関係代名詞の what「〜こと」を使って、**not to trust what companies say about their commodities and services in their TV commercials** とします。

まとめると、**In my opinion, it is important for consumers not to trust what companies say about their commodities and services in their TV commercials.** が正解になります。続いて、**応用問題**に進みます。

応用問題

次の日本語を英語に直しなさい。

30年後に自分がどんな人生を送っているか想像することはむずかしいかもしれないが、大事なのは、今いる環境で最善を尽くして学び続けるということだ。

「〜想像することはむずかしいかもしれない」から、形式主語の it を使って、**It may be difficult to imagine 〜 .** とします。「30年後に自分がどんな人生を送っているか」は、疑問詞の how、時の経過の in を使って、**how you will live your life in 30 years from now** とします。

続いて、「大事なのは、今いる環境で最善を尽くして学び続けるということだ」は、関係代名詞の what を使って、**What is important is to do your best and keep learning in your current surroundings.** とします。「最善を尽くす」は **do *one's* best** で表すことをおさえておきましょう。また、「環境」の意味になる surrounding は通常複数形で **surroundings** と使うことをおさえておきましょう。

まとめると、**It may be difficult to imagine how you will live your life in 30 years from now. What is important is to do your best and keep learning in your current surroundings.** が正解になります。

口頭チェックテスト Words&Phrases

□	① 過度にストレスを感じる	feel stressed out
□	② しばし	for a while
□	③ 休憩を取る	take a rest
□	④ 私の考えでは	in my opinion
□	⑤ 商品	commodity
□	⑥ 信用する	trust
□	⑦ 消費者	consumer
□	⑧ 人生を送る	live *one's* life
□	⑨ 環境	surroundings
□	⑩ 最善を尽くす	do *one's* best

口頭チェックテスト Sentences

□ ① 過度にストレスを感じるときは、仕事をやめてしばし休憩を取ることが大切です。

When you feel stressed out, it is important to stop working and take a rest for a while.

□ ② 私の考えでは、会社が商品やサービスについてテレビコマーシャルで言うことを信用しないのは消費者にとって重要です。

In my opinion, it is important for consumers not to trust what companies say about their commodities and services in their TV commercials.

□ ③ 30年後に自分がどんな人生を送っているか想像することはむずかしいかもしれないが、大事なのは、今いる環境で最善を尽くして学び続けるということだ。

It may be difficult to imagine how you will live your life in 30 years from now. What is important is to do your best and keep learning in your current surroundings.

PATTERN 11 「～こと」③

和文英訳クイズ

日本語を参考にして、下の空所に適切な英語を書きなさい。

自転車に乗ることは、車を運転することとは違う。

[ ] is different from [ ].

このクイズでは、「自転車に乗ること」、「車を運転すること」と2つの「～こと」があります。主語がなく動詞と目的語だけで成り立つ「～すること」なので、動名詞を使って、最初の空所には **Riding a bicycle**、後ろの空所には **driving a car** を入れます。不定詞の名詞的用法を主語で使うには、通常、形式主語の it を使うので、このクイズでは動名詞を使います。完成した英文は、**Riding a bicycle is different from driving a car.** になります。続いて、**演習問題**に進みます。

演習問題

次の日本語を英語に直しなさい。

夜に画面を見すぎることは、健康的な睡眠を妨げます。

「夜に画面を見すぎること」が、動詞と目的語だけで成り立つ「～すること」なので動名詞を使います。「夜にあまりに長く画面を見ること」と読み換えて、**Looking at a screen for too long at night** とします。「健康的な睡眠を妨げます」は prevent を使って、**prevents healthy sleep** で完成です。まとめると、**Looking at a screen for too long at night prevents healthy sleep.** が正解になります。続いて、**応用問題**に進みます。

応用問題

次の日本語を英語に直しなさい。

多くの友達を持つことが、必ずしもあなたに幸せをもたらすわけではない。

「多くの友達を持つこと」と動詞と目的語からなる「〜すること」があるので、動名詞を使って、**Having many friends** とします。「必ずしもあなたに幸せをもたらすわけではない」は、部分否定の **not necessarily**「必ずしも〜わけではない」と **bring O_1 O_2**「O_1にO_2をもたらす」を使って、**does not necessarily bring you happiness** とします。まとめると、**Having many friends does not necessarily bring you happiness.** が正解になります。

口頭チェックテスト Words&Phrases

□	① 自転車に乗る	ride a bicycle
□	② 画面	screen
□	③ 妨げる	prevent
□	④ 必ずしも〜わけではない	not necessarily
□	⑤ O_1 に O_2 をもたらす	bring O_1 O_2

口頭チェックテスト Sentences

□	① 自転車に乗ることは、車を運転することとは違う。 Riding a bicycle is different from driving a car.
□	② 夜に画面を見すぎることは、健康的な睡眠を妨げます。 Looking at a screen for too long at night prevents healthy sleep.
□	③ 多くの友達を持つことが、必ずしもあなたに幸せをもたらすわけではない。 Having many friends does not necessarily bring you happiness.

PATTERN 12 「〜こと」④

和文英訳クイズ

日本語を参考にして、下の空所に適切な英語を書きなさい。

困ったことに彼女はとても不注意だ。

[　　　　　　　　　　　　　　] she is very careless.

「困ったことに」は慣用表現として覚えておいて、**The trouble is that 〜.** と表現します。元々は「問題は〜ということだ」という名詞節の that が補語に使われていたものです。**PATTERN 10・11**と異なり、上のクイズを意訳すると「問題は、彼女がとても不注意であることだ」と、「〜こと」の中に SV の文構造があるので、この場合は名詞節の that を使います。完成した英文は、**The trouble is that she is very careless.** になります。他にも、「実は〜」は **The fact is that 〜.** で表せることをおさえておきましょう。続いて、**演習問題**に進みます。

演習問題

次の下線が引かれた日本語を英語に直しなさい。

A氏：会議ばかりで、本来の業務に集中できないんだ。

B氏：会議は、少なくて短時間の方が効果的だね。長々と行われる報告は廃止しよう。一番大切なのは、将来の計画について議論することだと思う。

文の骨格は、主語を補うと、「私は〜だと思う」なので、名詞節の that を使って、**I think that 〜.** とします。「一番大切なのは」は、what is the most important とすると、文構造を持つ節が多くなりすぎるので、**the most important thing** とします。「将来の計画について議論することだ」は、これからの内容なので不定詞の名詞的用法を使って、**to discuss our plans for the future** とします。まとめると、**I think that the most important thing is to discuss our plans for the future.** が正解になります。続いて、**応用問題**に進みます。

応用問題

次の日本語を英語に直しなさい。

彼は自分がどこにいるのか、あるいはどのようにしてそこにたどり着いたのかを理解できないため、彼に可能な唯一の解釈は、たえず眠りから覚めたばかりであるということだ。

文の骨格は、「彼は～を理解できないため、…」なので、**【理由】の since** を使って、**Since he cannot understand ～ , ….** とします。「自分がどこにいるのか、あるいはどのようにしてそこにたどり着いたのか」が understand の目的語なので、**疑問詞の where**、**how** を使って、**where he is or how he got there** とします。「彼に可能な唯一の解釈」は「**彼ができる唯一の解釈**」と読み換えて「S が V する 名詞 」とします。よって、**名詞**＋**SV** に読み換えて **the only interpretation he can make** とします。

「たえず眠りから覚めたばかりであるということ」は、主語の he を補って名詞節の that を使います。現在完了の完了用法を使って、**that he has always just awoken from sleep** とします。まとめると、**Since he cannot understand where he is or how he got there, the only interpretation he can make is that he has always just awoken from sleep.** が正解になります。

口頭チェックテスト **Words&Phrases**

□	① 困ったことに	The trouble is that ～ .
□	② 不注意だ	careless
□	③ 一番大切なこと	the most important thing
□	④ 解釈する	make an interpretation
□	⑤ 目覚める	awake

口頭チェックテスト **Sentences**

□	① 困ったことに彼女はとても不注意だ。
	The trouble is that she is very careless.
□	② 一番大切なのは、将来の計画について議論することだと思う。
	I think that the most important thing is to discuss our plans for the future.
□	③ 彼は自分がどこにいるのか、あるいはどのようにしてそこにたどり着いたのかを理解できないため、彼に可能な唯一の解釈は、たえず眠りから覚めたばかりであるということだ。
	Since he cannot understand where he is or how he got there, the only interpretation he can make is that he has always just awoken from sleep.

PATTERN 13 「～かどうか」

和文英訳クイズ

日本語を参考にして、下の空所に適切な英語を書きなさい。

彼女が私を覚えているかどうか分かりません。

I don't know [ ] she [ ] me or not.

「～かどうか」を意味する英語は、if と whether がありますが、if は主語では使えないなどの制約があるので、**whether** を使いましょう。whether は、**whether A or B**「A か B かどうか」を使い、B に not を使って、**whether A or not**「A かどうか」でよく使うので、おさえておきましょう。上のクイズでは「私を覚えているかどうか」から、最初の空所に whether を使って、次の空所に「覚えている」に相当する remember を使って、**I don't know whether she remembers me or not.** が正解です。続いて、**演習問題**に進みます。

演習問題

次の日本語を英語に直しなさい。

鈴木教授が再来週の授業を休講にしたかどうか、あなたは知っていますか。

Do [ ]?

文の骨格の「～かどうかをあなたは知っていますか」から、whether を使って、**Do you know whether ～ ?** とします。目的語にあたる「鈴木教授が再来週の授業を休講にしたかどうか」を英語にします。まずは、「鈴木教授」は、**Professor Suzuki** とします。「鈴木先生」なら、teacher などは使わずに、**Mr. Suzuki** や **Ms. Suzuki** とします。「休講にする」は、**cancel *one's* lecture** を使って、**canceled his [her] lecture** とします。「再来週」は、「来週の次の週」と読み換えて、**the week after next week** の最後の week を省略して、the week after next と表します。完成された英文は **Do you know whether Professor Suzuki canceled his lecture the week after next?** になります。続いて、**応用問題**に進みます。

応用問題1

次の日本語を英語に直しなさい。

私は自分が健康かどうか知るために、一年に一度健康診断を受けています。

文の骨格を見抜くと、「私は〜健康診断を受けています」になります。「健康診断」は **medical checkup** で表して、**I have a medical checkup** とします。「一年に一度」は **once a year** で表します。「自分が健康かどうかを知るために」は、不定詞の副詞的用法を使って **to know** 〜とします。「自分が健康かどうか」は、whetherを使って、**whether I am healthy or not** とします。正解は、**I have a medical checkup once a year to know whether I am healthy or not.** になります。次の**応用問題**に進みます。

応用問題2

次の日本語を英語に直しなさい。

特定の分野で成功できるかどうかは、あなたの努力と想像力次第だ。

「特定の分野で成功できるかどうかは」は、**whether A or not** を使って **whether you succeed in a specific area or not** とします。「あなたの努力と想像力次第だ」は、**depend on** 〜「〜次第だ」を使って、**depends on your efforts and imagination** とします。**effort は可算名詞で、複数形で使うことが多い**ので、おさえておきましょう。まとめると、**Whether you succeed in a specific area or not depends on your efforts and imagination.** が正解になります。

口頭チェックテスト Words&Phrases

□	① ～かどうか	whether ～ or not
□	② 覚えている	remember
□	③ ～教授	Professor ～
□	④ 再来週	the week after next
□	⑤ 休講にする	cancel *one's* lecture
□	⑥ 健康だ	healthy
□	⑦ 一年に一度	once a year
□	⑧ 健康診断を受ける	have a medical checkup
□	⑨ 特定の	specific
□	⑩ ～次第だ	depend on ～
□	⑪ 努力	effort
□	⑫ 想像力	imagination

口頭チェックテスト Sentences

□ ① 彼女が私を覚えているかどうか分かりません。
I don't know whether she remembers me or not.

□ ② 鈴木教授が再来週の授業を休講にしたかどうか、あなたは知っていますか。
Do you know whether Professor Suzuki canceled his lecture the week after next?

□ ③ 私は自分が健康かどうか知るために、一年に一度健康診断を受けています。
I have a medical checkup once a year to know whether I am healthy or not.

□ ④ 特定の分野で成功できるかどうかは、あなたの努力と想像力次第だ。
Whether you succeed in a specific area or not depends on your efforts and imagination.

PATTERN 14 「～する方法」

和文英訳クイズ

日本語を参考にして、下の空所に適切な英語を書きなさい。

何かを学ぶのに最も良い方法は、他の誰かにそれを教えることである。

[　　　　　　　　　] is [　　　　] it to someone else.

「何かを学ぶのに最も良い方法」から、**way to *do***「～する方法」を使って、**the best way to learn something** とします。「他の誰かにそれを教えること」から、不定詞の名詞的用法を使って、**to teach it to someone else** とします。teach の第４文型である teach O_1 O_2 は、このクイズのように代名詞の it が目的語の場合は、teach someone else it とはせずに、第３文型にして teach it to someone else とします。完成した英文は、**The best way to learn something is to teach it to someone else.** になります。続いて、**演習問題**に進みます。

演習問題

次の日本語を英語に直しなさい。

特に水泳は、身体に過剰な負担をかけずに運動するには良い方法なんだ。

「**特に**」と見て真っ先に思いつくのが **especially** でしょうが、文頭では使えません。主語を修飾するときはその直後に置くので、**Swimming, especially, ～ .** とします。「～運動するには良い方法」は、**way to *do***「～する方法」を使って、**a good way to exercise** ～とします。「身体に過剰な負担をかけずに」は、**without *doing***「～せずに」を使って、**without putting too much burden on your body** とします。**put burden on** ～「～に負担をかける」もおさえておきましょう。まとめると、**Swimming, especially, is a good way to exercise without putting too much burden on your body.** が正解です。続いて、**応用問題**に進みます。

応用問題

次の日本語を英語に直しなさい。

比喩は興味を引くイメージを用いて、二つの物事を比べる方法だ。

文の骨格は、「比喩は〜、二つの物事を比べる方法だ」になるので、**A metaphor is a way to compare two things** 〜. とします。「興味を引くイメージを用いて」は、**by using interesting images** とします。まとめると、**A metaphor is a way to compare two things by using interesting images.** が正解です。

ここまで見てきましたが、単に「〜する方法」ならば、**way to *do*** を使いましょう。一方で、「SがVする方法」ならば、**the way SV** で表現しましょう。

口頭チェックテスト **Words&Phrases**

□	① 〜する方法	way to *do*
□	② 他の誰か	someone else
□	③ 特に	especially（主語の後ろに置く）
□	④ 〜に負担をかける	put burden on 〜
□	⑤ 運動する	exercise
□	⑥ 比喩	metaphor
□	⑦ 物事	thing
□	⑧ 比べる	compare

口頭チェックテスト **Sentences**

□ ① 何かを学ぶのに最も良い方法は、他の誰かにそれを教えることである。

The best way to learn something is to teach it to someone else.

□ ② 特に水泳は、身体に過剰な負担をかけずに運動するには良い方法なんだ。

Swimming, especially, is a good way to exercise without putting too much burden on your body.

□ ③ 比喩は興味を引くイメージを用いて、二つの物事を比べる方法だ。

A metaphor is a way to compare two things by using interesting images.

特別コラム　その2

総称のyou

次の日本語を英語に直しなさい。

ネガティブでいると、幸せにはなれない。

この日本語では主語が明らかにされていませんが、一般論を意味しているので、「一般的な人はネガティブでいると幸せにはなれない」と読み換えます。英語で一般人を指す場合は、**総称の you** という用法で、you を使います。話し相手も含めて一般の人を指します。よって、この問題は **If you are negative, you cannot be happy.** が正解になります。

もっとも、日本語で「人々は」とあったら当然 people を使うべきで、日本語で「私たちは」とあったら we を使いましょう。we は通常話し手を含む特定の集団を意図していて、その反対の集団も存在するような場面が想定されています。例えば、**We** live in a democratic society.「私たちは民主主義社会で暮らしている」のような文では、民主主義社会以外の独裁制の社会などの存在も暗示されています。

日本で一般人を指す場合は、このクイズのように主語をあえて書かない場合が多いので、その場合は、**総称の you** の用法を使えるようにしておきましょう。

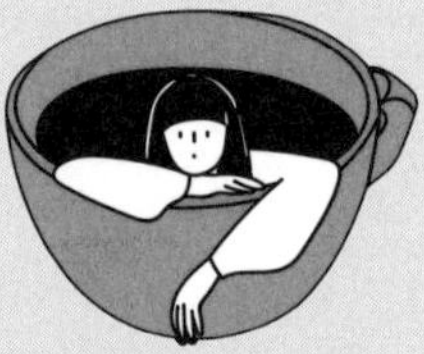

その

3

副詞のカタマリの章

PATTERN 15 「～のために」
PATTERN 16 「～するために」
PATTERN 17 「～しないように」
PATTERN 18 「～によれば」
PATTERN 19 「～と異なり」
PATTERN 20 「～の代わりに」
PATTERN 21 「～のことになると」

続いての意味のカタマリは、副詞のカタマリです。「～のために」は**前置詞の for や because of** ～、「～するために」は **in order to *do***、「～しないように」は **in order not to *do*** を使いましょう。「～によれば」は **according to** ～、「～と異なり」は **unlike**、「～の代わりに」は **instead of** ～、「～のことになると」は **when it comes to** ～のように、発信型で使える表現を増やしていきましょう。

PATTERN 15 「〜のために」

和文英訳クイズ

日本語を参考にして、下の空所に適切な英語を書きなさい。

交通渋滞のため、授業に30分遅れた。
I was 30 minutes [　　　　　　　　　　　　].

「交通渋滞のため」は、「交通渋滞が原因で」と読み換えられるので、**because of** 〜「〜が原因で」を使って、**because of a traffic jam** とします。「遅れた」から、**late** を使って、**I was 30 minutes late for class because of a traffic jam.** が正解です。「**〜のために**」（**原因・理由**）**に関連する表現**をまとめます。

和文英訳POINT5　「〜のために」（原因・理由）に関連する表現

□	〜のために	because of 〜 ／ due to 〜
□	〜のおかげで	thanks to 〜
□	〜のせいで	owing to 〜

「〜のために」は、**because of** 〜、**due to** 〜が中立的な表現です。**thanks to** 〜は「〜のおかげで」とプラスの原因を表す文脈でよく使われます。**owing to** 〜は「〜のせいで」とマイナスの原因を表す文脈でよく使われます。続いて、**演習問題**に進みます。

演習問題

次の日本語を英語に直しなさい。

大学生は健康のために、毎日朝食を食べる時間を十分に取るべきだ。

文の骨格を見抜くと、「大学生は〜のために、…時間を十分に取るべきだ」になるので、**University students should take enough time** 〜**.** になります。続いて「毎日朝食を食べる時間」から、不定詞の形容詞的用法を使って、**enough time to have breakfast every**

morning とします。「朝食を食べる」では、**breakfast に冠詞を付けない**ので注意しましょう。一方で、「たっぷり朝食を食べる」は、どんな朝食かイメージできるので、**have a big breakfast** とします。次に、「健康のために」は、前ページの **POINT** で記したような因果関係を作る文脈ではないので、シンプルに **for their good health** とします。まとめると、**University students should take enough time to have breakfast every morning for their good health.** が正解になります。続いて、**応用問題**に進みます。

応用問題

次の日本語を英語に直しなさい。

その歴史的な重要さのために、毎年、多くの観光客がその寺を訪れている。

「その歴史的な重要さのために」は「その歴史的な重要さが原因で」に読み換えられるので、**because of** ～「～が原因で」を使って、**because of its historical importance** とします。文の骨格は、「多くの観光客がその寺を訪れている」になるので、**many tourists visit the temple** とします。まとめると、**Many tourists visit the temple every year because of its historical importance.** が正解になります。

口頭チェックテスト **Words&Phrases**

□	① ～のために	because of ～
□	② 交通渋滞	traffic jam
□	③ 大学生	university student
□	④ 健康	health
□	⑤ 朝食を食べる	have breakfast
□	⑥ 観光客	tourist
□	⑦ 歴史的な	historical
□	⑧ 重要さ	importance
□	⑨ 寺	temple

口頭チェックテスト　**Sentences**

- [ ] ① 交通渋滞のため、授業に３０分遅れた。
  I was 30 minutes late for class because of a traffic jam.
- [ ] ② 大学生は健康のために、毎日朝食を食べる時間を十分に取るべきだ。
  University students should take enough time to have breakfast every morning for their good health.
- [ ] ③ その歴史的な重要さのために、毎年、多くの観光客がその寺を訪れている。
  Many tourists visit the temple every year because of its historical importance.

その3 ― 副詞のカタマリの章

PATTERN 16「〜するために」

和文英訳クイズ

日本語を参考にして、下の空所に適切な英語を書きなさい。

彼女は、健康維持のために毎朝運動している。

She exercises every morning [　　　　　　　　　　].

「健康維持のために」は、「自分の健康を維持するために」と読み換えて、**in order to maintain her health** とします。目的を強調する際には **in order to *do***「〜するために」を使いましょう。まとめると、**She exercises every morning in order to maintain her health.** が正解です。続いて、**演習問題**に進みます。

演習問題

次の日本語を英語に直しなさい。

病院に行くために授業を欠席する許可を、先生からもらった。

主語を補うと、「私は〜許可を、先生からもらった」になるので、**I got permission 〜 from my teacher.** とします。「〜する許可」は不定詞の形容詞的用法を使って **permission to *do*** 〜とします。「授業を欠席する」は **miss a class** とします。「授業に出席する」なら **attend a class** とすることもおさえておきましょう。

「病院に行くために」を **in order to *do*** を使って、**in order to see a doctor** とします。ここでいう「病院に行く」とは、仕事で病院に行くのではなくて、「医者に診てもらう」ことなので **see a doctor** とします。まとめると、**I got permission to miss a class from my teacher in order to see a doctor.** が正解です。続いて、**応用問題**に進みます。

応用問題

次の日本語を英語に直しなさい。

成功するためには、リスクをとらなければならず、持っているもので最善を尽くさなければならない。

「成功するためには」から、**in order to *do*** を使って、**in order to succeed** とします。「リスクをとらなければならず、持っているもので最善を尽くさなければならない」は、**総称の you** という一般人を表す主語を補います。「リスクをとらなければならない」から、**take a risk**「リスクをとる」と **have to *do*** を使って、**you have to take a risk** とします。

「最善を尽くす」は **do *one's* best** で表します。「持っているもので」は**前置詞の with** と**関係代名詞の what** を使って、**with what you have** で表します。まとめると、**In order to succeed, you have to take a risk and do your best with what you have.** が正解です。

口頭チェックテスト **Words&Phrases**

□	① 運動する	exercise
□	② 健康を維持する	maintain *one's* health
□	③ ～するために	in order to *do*
□	④ 病院に行く	see a doctor
□	⑤ 授業を欠席する	miss a class
□	⑥ 許可	permission
□	⑦ 成功する	succeed
□	⑧ リスクをとる	take a risk
□	⑨ 最善を尽くす	do *one's* best

口頭チェックテスト Sentences

□	① 彼女は、健康維持のために毎朝運動している。
	She exercises every morning in order to maintain her health.
□	② 病院に行くために授業を欠席する許可を、先生からもらった。
	I got permission to miss a class from my teacher in order to see a doctor.
□	③ 成功するためには、リスクをとらなければならず、持っているもので最善を尽くさなければならない。
	In order to succeed, you have to take a risk and do your best with what you have.

PATTERN 17 「〜しないように」

和文英訳クイズ

次の日本語を英語に直しなさい。

私たちは遅れないように早く出発した。

文の骨格は、「私たちは早く出発した」なので、**We left early** とします。「遅れないように」の表現が問題になります。not to be late としたいところですが、**不定詞の否定形 not to *do* は副詞的用法では認められません**。I decided **not to drink** any more.「もうお酒は飲まないことに決めた」のように、**不定詞の名詞的用法は not to *do*** で良いのですが、**不定詞の副詞的用法を否定形にする時**は、基本は not to *do* ではなくて、**in order not to *do*** としなくてはなりません。よって、このクイズでは **We left early in order not to be late.** が正解になります。続いて、**演習問題**に進みます。

演習問題

次の日本語を英語に直しなさい。

バスに乗り遅れないように、私は目覚ましを6時にセットした。

文の骨格は、「私は目覚ましを6時にセットした」なので、**I set the alarm for six o'clock** とします。「〜時に目覚ましをセットする」は、前置詞の for を使って **set the alarm for 〜** とすることをおさえておきましょう。「バスに乗り遅れないように」は不定詞の副詞的用法の否定形なので、**in order not to *do*** を使って、**in order not to miss the bus** とします。まとめると、**I set the alarm for six o'clock in order not to miss the bus.** が正解になります。続いて、**応用問題**に進みます。

応用問題

次の日本語を英語に直しなさい。

友達と一緒にいるときは、スマートフォンで頻繁にメールをチェックすることによって友達の気分を害することがないように気を付けましょう。

文の主語を補うと、**総称の you** になるので、「友達と一緒にいるときは」は、**When you are with your friends** とします。「～ないように気を付けましょう」は、**take care** という命令文を使います。**不定詞の副詞的用法の否定形の例外**で、**take care** は「～しないように気を付ける」の文脈では、**take care not to *do*** とすることができます。よって、「友達の気分を害することがないように気を付けましょう」は **take care not to hurt their feelings** とします。**「気分」や「感情」の意味では、feelings と複数形にする**こともおさえておきましょう。**不定詞の副詞的用法の否定形の注意点**をまとめます。

和文英訳POINT6 不定詞の副詞的用法の否定形

□	～しないように	in order not to *do*
□	～しないように注意する	be careful not to *do*
□	～しないように気を付ける	take care not to *do*

「～しないように」の基本は、**in order not to *do*** ですが、「～しないように注意する」は **be careful not to *do***、「～しないように気を付ける」は **take care not to *do*** とすることができます。

問題に戻ると、「スマートフォンで頻繁にメールをチェックすることによって」は、**by frequently checking emails on your smartphone** とします。ここでもメールは複数来ている可能性があるので、emails と複数形で使います。まとめると、**When you are with your friends, take care not to hurt their feelings by frequently checking emails on your smartphone.** が正解になります。

口頭チェックテスト Words&Phrases

□	① バスに乗り遅れる	miss the bus
□	② 目覚ましを～時にセットする	set the alarm for ～
□	③ スマートフォン	smartphone
□	④ 頻繁に	frequently
□	⑤ ～の気分を害する	hurt *one's* feelings
□	⑥ ～しないように気を付ける	take care not to *do*

口頭チェックテスト Sentences

□ ① 私たちは遅れないように早く出発した。

We left early in order not to be late.

□ ② バスに乗り遅れないように、私は目覚ましを６時にセットした。

I set the alarm for six o'clock in order not to miss the bus.

□ ③ 友達と一緒にいるときは、スマートフォンで頻繁にメールをチェックすることによって友達の気分を害することがないように気を付けましょう。

When you are with your friends, take care not to hurt their feelings by frequently checking emails on your smartphone.

PATTERN 18 「～によれば」

和文英訳クイズ

日本語を参考にして、下の空所に適切な英語を書きなさい。

昨日の新聞に出た記事によれば、出生率は今年上昇すると予測されています。
[　　　　　　　　　　] that appeared in yesterday's newspaper,
[　　　　　　　　　　　　　] this year.

「～によれば」、「～によると」も和文英訳で頻出の表現になります。**情報機関や第三者からの引用**の際に使われて、**according to** ～で表します。上のクイズの最初の空所は**according to the article** が正解です。後半の「出生率は上昇すると予測されています」は、**expect O to *do*** の受動態である **be expected to *do***「～すると予想される」を使って、**the birthrate is expected to rise** が正解になります。まとめると、**According to the article that appeared in yesterday's newspaper, the birthrate is expected to rise this year.** が正解です。続いて、**演習問題**に進みます。

演習問題

次の日本語を英語に直しなさい。

警察によれば、バスに衝突したとき彼は時速160キロで運転していた。

「警察によれば」から、**according to** ～を推測して、**according to the police** とします。文の骨格を見抜くと、「彼は～運転していた」なので、過去進行形を使って、**he was driving** とします。「時速１６０キロで」は、速度の **at** を使って、**at 160 km/h** とします。km/h は、正確には kilometer per hour で「１時間につき～キロ」という表現です。「バスに衝突したとき」は「彼の車がバスに衝突したとき」なので、**collide with** ～「～に衝突する」を使って、**when his car collided with the bus** としましょう。まとめると、**According to the police, he was driving at 160 km/h when his car collided with the bus.** が正解です。続いて、**応用問題**に進みます。

応用問題

次の日本語を英語に直しなさい。

過去10年間の統計によると、フランス人は白ワインより赤ワインが好きなようです。

「過去１０年間の統計によると」から、**according to** ～を推測して、**according to the past ten years' statistics** とします。「～ようです」から、**seem to *do***「～するように思える」を推測します。「白ワインより赤ワインが好き」は、**prefer A to B**「B より A が好きだ」を推測して、**the French seem to prefer red wine to white wine** とします。まとめると、**According to the past ten years' statistics, the French seem to prefer red wine to white wine.** が正解になります。

口頭チェックテスト　Words&Phrases

□	① ～によれば	according to ～
□	② 出生率	birthrate
□	③ ～すると予測される	be expected to *do*
□	④ ～に衝突する	collide with ～
□	⑤ 時速	km/h
□	⑥ 統計	statistics
□	⑦ B より A が好きだ	prefer A to B

口頭チェックテスト　Sentences

□ ① 昨日の新聞に出た記事によれば、出生率は今年上昇すると予測されています。
According to the article that appeared in yesterday's newspaper, the birthrate is expected to rise this year.

□ ② 警察によれば、バスに衝突したとき彼は時速１６０キロで運転していた。
According to the police, he was driving at 160 km/h when his car collided with the bus.

□ ③ 過去１０年間の統計によると、フランス人は白ワインより赤ワインが好きなようです。
According to the past ten years' statistics, the French seem to prefer red wine to white wine.

PATTERN 19 「～と異なり」

和文英訳クイズ

日本語を参考にして、下の空所に適切な英語を書きなさい。

他の災害と異なり、地球温暖化は自然のものではない。

[　　　　　　　　　　　　] not natural.

「～とは異なり」や「～と違って」は、**unlike** を前置詞で使います。上のクイズでも、「他の災害と異なり」とあるので、**unlike** を使って、**unlike other disasters** とします。「地球温暖化」は **global warming** で表すので、**global warming is not natural** とします。完成した英文は、**Unlike other disasters, global warming is not natural.** になります。続いて、**演習問題**に進みます。

演習問題

次の日本語を英語に直しなさい。

車や電化製品とは違い、旅行は何度行っても家の中で場所を取るわけではないので、何度でも楽しむことができる。

「車や電化製品とは違い」は、**unlike** を使って、**unlike cars and electronic products** とします。文の骨格は「旅行は～ので、何度でも楽しむことができる」なので、「私たちは～ので、旅行を繰り返して楽しめる」と読み換えて、**you can enjoy traveling repeatedly because ～.** とします。主語に**総称の you** を使いましょう。「旅行は何度行っても家の中で場所を取るわけではないので」は、**because many trips do not take up any space in your house** とします。まとめると、**Unlike cars and electronic products, you can enjoy traveling repeatedly because many trips do not take up any space in your house.** が正解になります。続いて、**応用問題**に進みます。

応用問題

次の日本語を英語に直しなさい。

人間は、他の動物と異なり、ことばや記号を巧みに使って、抽象的な思考をおこない非常に複雑な問題を解決することができる。

文の骨格は「人間は、他の動物と異なり、〜非常に複雑な問題を解決することができる」なので、**unlike** を使って、**Unlike other animals, human beings can solve very complicated problems 〜.** となります。「ことばや記号を巧みに使って、抽象的な思考をおこない〜問題を解決することができる」は「ことばや記号を巧みに使うことや、抽象的な思考をおこなうことで解決する」と読み換えて、**by using words and symbols well, and by thinking abstractly** とします。

まとめると、**Unlike other animals, human beings can solve very complicated problems by using words and symbols well, and by thinking abstractly.** が正解になります。

口頭チェックテスト **Words&Phrases**

□	① 〜と異なり	unlike
□	② 災害	disaster
□	③ 地球温暖化	global warming
□	④ 電化製品	electronic product
□	⑤ (場所を) 取る	take up 〜
□	⑥ 記号	symbol
□	⑦ 抽象的に	abstractly
□	⑧ 複雑な	complicated
□	⑨ 解決する	solve

口頭チェックテスト **Sentences**

- [ ] ① 他の災害と異なり、地球温暖化は自然のものではない。

  Unlike other disasters, global warming is not natural.

- [ ] ② 車や電化製品とは違い、旅行は何度行っても家の中で場所を取るわけではないので、何度でも楽しむことができる。

  Unlike cars and electronic products, you can enjoy traveling repeatedly because many trips do not take up any space in your house.

- [ ] ③ 人間は、他の動物と異なり、ことばや記号を巧みに使って、抽象的な思考をおこない非常に複雑な問題を解決することができる。

  Unlike other animals, human beings can solve very complicated problems by using words and symbols well, and by thinking abstractly.

PATTERN 20 「～の代わりに」

和文英訳クイズ

日本語を参考にして、下の空所に適切な英語を書きなさい。

もし自分の洗濯機が壊れたら、新品を買う代わりに修理してもらうだろう。

If my washing machine breaks down, I will [ ].

「洗濯機」は **washing machine** で表し、「故障する」は **break down** で表します。「新品を買う代わりに修理してもらうだろう」は、**instead of** ～「～の代わりに」を使って、**I will have it repaired instead of buying a new one.** とします。have O C「O が C される」が使われており、it が my washing machine を指して、one は washing machine の代名詞です。it は前に出てきた名詞そのものを指し、one は前に出てきた名詞と同一種類のものを指します。完成した英文は、**If my washing machine breaks down, I will have it repaired instead of buying a new one.** になります。続いて、**演習問題**に進みます。

演習問題

次の日本語を英語に直しなさい。

お急ぎでしたら、次の電車を待つ代わりに、タクシーを利用することもできます。

主語を補うと、文の骨格は「もしあなたが急いでいるなら、タクシーを利用できます」から、**be in a hurry**「急いでいる」を使って、**If you are in a hurry, you can take a taxi** ～ **.** とします。「タクシーを利用する」は「タクシーに乗る」なので、**take a taxi** とします。

続いて、「次の電車を待つ代わりに」は **instead of** ～を使って、**instead of waiting for the next train** とします。まとめると、**If you are in a hurry, you can take a taxi instead of waiting for the next train.** が正解になります。続いて、**応用問題**に進みます。

応用問題

次の日本語を英語に直しなさい。

無料で利用できるデジタルメディアの登場で、「紙」の新聞を購読する代わりに、ニュース情報の閲覧(えつらん)で済ます人々が年々増えてきた。

文の骨格は、「デジタルメディアの登場で、～する代わりに、…する人々が年々増えてきた」なので、**the number of people has been increasing** ～を使って、**With the emergence of digital media … , the number of people who … has been increasing year after year instead of ～ .** とします。「ニュース情報の閲覧で済ます」は、**make do with** ～「～で済ます」を使って、**make do with browsing the news** とします。「無料で利用できる」は、**that is freely available** とします。

続けて、instead of ～の「～」に入る「『紙』の新聞を購読する」は、**subscribe to** ～「～を購読する」を使って、**subscribing to a newspaper** とします。まとめると、**With the emergence of digital media that is freely available, the number of people who make do with browsing the news has been increasing year after year instead of subscribing to a newspaper.** が正解になります。

口頭チェックテスト **Words&Phrases**

□	① 洗濯機	washing machine
□	② 故障する	break down
□	③ ～の代わりに	instead of ～
□	④ 修理する	repair
□	⑤ 急いでいる	be in a hurry
□	⑥ タクシーに乗る	take a taxi
□	⑦ ～の登場	the emergence of ～
□	⑧ 閲覧する	browse
□	⑨ 無料で利用できる	freely available
□	⑩ ～を購読する	subscribe to ～

口頭チェックテスト　**Sentences**

□	① もし自分の洗濯機が壊れたら、新品を買う代わりに修理してもらうだろう。 If my washing machine breaks down, I will have it repaired instead of buying a new one.
□	② お急ぎでしたら、次の電車を待つ代わりに、タクシーを利用することもできます。 If you are in a hurry, you can take a taxi instead of waiting for the next train.
□	③ 無料で利用できるデジタルメディアの登場で、「紙」の新聞を購読する代わりに、ニュース情報の閲覧で済ます人々が年々増えてきた。 With the emergence of digital media that is freely available, the number of people who make do with browsing the news has been increasing year after year instead of subscribing to a newspaper.

その3 ― 副詞のカタマリの章

PATTERN 21 「～のことになると」

和文英訳クイズ

日本語を参考にして、下の空所に適切な英語を書きなさい。

教えることに関しては、彼は誰にも負けない。

[ ], he is [ ].

「～することに関しては」は、**when it comes to ～ ,**「～することになると」を使います。「教えることに関しては」から、**When it comes to teaching, ….** とします。続いて、「彼は誰にも負けない」は、**second to none**「誰に対しても2番ではない」=「誰にも劣らない」を使って、**he is second to none** とします。まとめると、**When it comes to teaching, he is second to none.** が正解になります。続いて、**演習問題**に進みます。

演習問題

次の日本語を英語に直しなさい。

家事のこととなると、性別はあまり問題ではない。

「家事のこととなると」から、**when it comes to ～ ,** を使って、**When it comes to housework, ….** とします。「性別はあまり問題ではない」は、**gender is not so important** とします。なお、「生物学的役割」の性別は sex で表します。まとめると、**When it comes to housework, gender is not so important.** が正解になります。続いて、**応用問題**に進みます。

応用問題

次の日本語を英語に直しなさい。

「臨床応用」というと、研究者は「一番最初に人間に施術すること」としますが、一般人は「自分が治療を受けられるか」というところを重視します。

*「臨床応用」clinical application

「『臨床応用』というと」から、**when it comes to ～ ,** を使って、**When it comes to clinical application, ….** とします。「研究者は『一番最初に人間に施術すること』とします」は、**regard A as B**「AをBとみなす」を使って、**researchers regard it as giving treatment to human beings first** とします。続いて、「一般人は『自分が治療を受けられるか』というところを重視します」は、**put an emphasis on** ～「～を重視する」を使って、**ordinary people put an emphasis on whether they can receive the treatment** とします。

まとめると、**When it comes to clinical application, researchers regard it as giving treatment to human beings first, while ordinary people put an emphasis on whether they can receive the treatment.** が正解になります。

口頭チェックテスト　Words&Phrases

□	① ～することになると	when it comes to ～ ,
□	② 誰にも劣らない	second to none
□	③ 家事	housework
□	④ (社会的役割の) 性別	gender
□	⑤ 臨床応用	clinical application
□	⑥ 研究者	researcher
□	⑦ 施術する	give treatment
□	⑧ ～を重視する	put an emphasis on ～

口頭チェックテスト　Sentences

□	① 教えることに関しては、彼は誰にも負けない。 When it comes to teaching, he is second to none.
□	② 家事のこととなると、性別はあまり問題ではない。 When it comes to housework, gender is not so important.
□	③「臨床応用」というと、研究者は「一番最初に人間に施術すること」としますが、一般人は「自分が治療を受けられるか」というところを重視します。 When it comes to clinical application, researchers regard it as giving treatment to human beings first, while ordinary people put an emphasis on whether they can receive the treatment.

その

4

接続詞・関係詞の章

PATTERN 22「一度～すると」

PATTERN 23「たとえ～でも」

PATTERN 24「～するときはいつでも」

PATTERN 25「～する限り」

PATTERN 26「～しない限り」

PATTERN 27「どれだけ～でも」

接続詞は文の骨格を決める重要な要素になります。「一度～すると」の **once** ～、「たとえ～でも」の **even if** ～などを使いこなせるようにしましょう。「～する限り」は、**as far as** ～と **as long as** ～の使い分けを学び、「～しない限り」は **unless** ～を使います。「～するときはいつでも」は **whenever** ～、「どれだけ～でも」は **no matter how** ～を使いましょう。

PATTERN 22 「一度～すると」

和文英訳クイズ

日本語を参考にして、下の空所に適切な英語を書きなさい。

いったん覚えれば決して忘れませんよ。

[　　　　　　　] you have learned it, [　　　　　　　　　　　　　].

「いったん覚えれば」から、**Once ～ , SV.**「いったん～すると、SがVする」を推測して、最初の空所にはOnceが入ります。「決して忘れませんよ」は主語のyouと目的語のitを補って、**you will never forget it**を後ろの空所に入れます。クイズの正解の英文は、**Once you have learned it, you will never forget it.** になります。続いて、**演習問題**に進みます。

演習問題

次の日本語を英語に直しなさい。

ひとたび電話が鳴ったら、何にでも対処することができた。

「ひとたび電話が鳴ったら」から **Once ～ , SV.** を使うと推測します。「電話が鳴ったら」は主語を補って、「私が電話を受けたら」となり、また主語が「～できた」なので時制の一致で過去形にそろえ、**I had a phone call** とします。「何にでも対処することができた」も主語のIを補います。「何にでも」は **anything** を使います。anyは色々な表現に応用が利くので整理します。

和文英訳POINT7　**名詞の「～でも」**

□	何でも	anything
□	誰でも	anyone
□	いつでも	anytime
□	どこでも	anywhere

「何でも」と名詞で使われたら **anything**、「誰でも」なら **anyone**、「いつでも」なら **anytime**、「どこでも」なら **anywhere** を使いましょう。ただし、「〜するところはどこでも」と続くなら wherever 〜とするので、おさえておきましょう。問題の続きに戻ると、「対処することができた」から、**cope with** 〜「〜に対処する」を使って、**I could cope with anything** とします。正解の英文は、**Once I had a phone call, I could cope with anything.** になります。続いて、**応用問題**に進みます。

応用問題 1

次の下線が引かれた日本語を英語に直しなさい。

あなたは去年優勝したけれど、今年は勝てませんでしたね。<u>一度優勝すると、勝ち続けるのは難しいものです。</u>

「一度優勝すると」から、**Once 〜 , SV** を推測します。「優勝する」は **win the championship** で表すので、**Once you win the championship, ….** とします。「勝ち続けるのは難しいものです」は、「〜は難しい」から形式主語の it を使って、**it is difficult to keep winning** とします。正解をまとめると、**Once you win the championship, it is difficult to keep winning.** が正解です。次の**応用問題**に進みます。

応用問題 2

次の日本語を英語に直しなさい。

いったん接続すれば、ネットワークは利用者がキオスクから150フィート以内に近づくたびにその位置を記録する。

「いったん接続すれば」は「ネットワークに接続する」ことなので、主語の users を補って、**once** を使うと、**once users connect to the network** になります。主節の文の骨格は、「ネットワークは〜その位置を記録する」なので、代名詞の it を使って、**it records the location** とします。「利用者がキオスクから１５０フィート以内に近づくたびに」は、**every time**「〜するたびに」を使って、**every time they come within 150 feet of a kiosk** とします。まとめると、**Once users connect to the network, it records the location every time they come within 150 feet of a kiosk.** が正解になります。

口頭チェックテスト　Words&Phrases

□	① 一度～すると	once ～
□	② 決して～ない	never
□	③ 何にでも	anything
□	④ ～に対処する	cope with ～
□	⑤ 優勝する	win the championship
□	⑥ ～し続ける	keep *doing*
□	⑦ 接続する	connect
□	⑧ 利用者	user
□	⑨ 位置	location
□	⑩ 記録する	record

口頭チェックテスト　Sentences

□ ① いったん覚えれば決して忘れませんよ。

Once you have learned it, you will never forget it.

□ ② ひとたび電話が鳴ったら、何にでも対処することができた。

Once I had a phone call, I could cope with anything.

□ ③ 一度優勝すると、勝ち続けるのは難しいものです。

Once you win the championship, it is difficult to keep winning.

□ ④ いったん接続すれば、ネットワークは利用者がキオスクから１５０フィート以内に近づくたびにその位置を記録する。

Once users connect to the network, it records the location every time they come within 150 feet of a kiosk.

PATTERN 23 「たとえ～でも」

和文英訳クイズ

日本語を参考にして、下の空所に適切な英語を書きなさい。

たとえ病気であっても、私はその試合に参加するだろう。

[ ], I [ ] part in the game.

「たとえ～でも」は、if を強調した **even if** ～で表せることがあります。さらに、このクイズでは病気ではないのに「病気であっても」という現在の空想の話なので、仮定法過去を使うと判断します。if 節に過去形、主節には助動詞の過去形＋動詞の原形を使うので、**Even if I were sick, I would take part in the game.** が正解になります。ちなみに、**「病気だ」は sick が一般的な用語で、ill はもっと深刻な病気に使う**ことをおさえておきましょう。続いて、**演習問題**に進みます。

演習問題

次の日本語を英語に直しなさい。

たとえ私の昔の写真を見たとしても、たぶん私だとはわからないでしょうね。

「たとえ～でも」から、**even if** ～を使います。主語を補うと、「たとえあなたが私の昔の写真を見たとしても」となるので、**even if you see an old picture of me,** とします。「たぶん私だとはわからないでしょうね」も主語を補って、**you will probably not** ～とします。**「誰かわかる」のときは recognize を使う**ので、**you will probably not recognize me** とします。まとめると、**Even if you see an old picture of me, you will probably not recognize me.** が正解になります。続いて、**応用問題**に進みます。

応用問題

次の日本語を英語に直しなさい。

たとえ座っていることが、立っていることや歩いていることによって中断されたとしても、そのリスクは残った。

文の骨格は、「たとえ～としても、そのリスクは残った」から、**Even if ～ , the risk remained.** とします。「座っていることが、立っていることや歩いていることによって中断された」が「～」に入るので、**sitting was interrupted by standing and walking** とします。まとめると、**Even if sitting was interrupted by standing and walking, the risk remained.** が正解になります。

口頭チェックテスト **Words&Phrases**

□	① たとえ～でも	even if ～
□	② 病気だ	be sick
□	③ ～に参加する	take part in ～
□	④ (誰か) わかる	recognize
□	⑤ 中断する	interrupt
□	⑥ 残る	remain

口頭チェックテスト **Sentences**

□	① たとえ病気であっても、私はその試合に参加するだろう。 Even if I were sick, I would take part in the game.
□	② たとえ私の昔の写真を見たとしても、たぶん私だとはわからないでしょうね。 Even if you see an old picture of me, you will probably not recognize me.
□	③ たとえ座っていることが、立っていることや歩いていることによって中断されたとしても、そのリスクは残った。 Even if sitting was interrupted by standing and walking, the risk remained.

PATTERN 24「～するときはいつでも」

和文英訳クイズ

日本語を参考にして、下の空所に適切な英語を書きなさい。

宿題はいつでも好きなときに提出できます。
You can [ ].

単に「いつでも」であれば、肯定文の any「どんな～でも」を使って **at any time で良い**のですが、このクイズは「いつでも好きなときに」となっています。主語を補って「あなたが好きなときにいつでも」と読み換えれば、**whenever** ～「～するときはいつでも」を使え、**whenever you like** となります。残りは、「宿題は提出できます」なので、文頭の You can の後ろに **hand in your homework** と続けます。「～を提出する」は、**hand in** ～を使いましょう。完成した英文は、**You can hand in your homework whenever you like.** になります。**接続詞の「～でも」**をまとめます。

和文英訳POINT8　**接続詞の「～でも」**

□	～するのは何でも	whatever ～
□	～するのは誰でも	whoever ～
□	～するときはいつでも	whenever ～
□	～するところはどこでも	wherever ～

続いて、**演習問題**に進みます。

演習問題

次の日本語を英語に直しなさい。

出かけるときはいつでも、明かりを消すのを忘れないでください。

「出かけるときはいつでも」から、**whenever** ～を使って、**whenever you go out** とします。「～を忘れないでください」から、forget to *do*「～することを忘れる」を否定文にして、**don't forget to *do*** とします。「～ください」から、please を先頭に付けておきましょう。「明かりを消すのを忘れないで」から、「～」には **turn off the lights** を入れて完成です。まとめると、正解は **Whenever you go out, please don't forget to turn off the lights.** になります。続いて、**応用問題**に進みます。

応用問題 1

次の日本語を英語に直しなさい。

そのパン屋の前を通り過ぎるときはいつも、そのいい匂いのために私は空腹を覚えた。

「そのパン屋の前を通り過ぎるときはいつも」から、**whenever** を使って、**whenever I passed in front of the bakery shop** とします。「私は空腹を覚えた」から、**I felt hungry** とします。「そのいい匂いのために」から、**because of** ～「～が原因で」を使って、**because of its good smell** とします。まとめると、**Whenever I passed in front of the bakery shop, I felt hungry because of its good smell.** が正解です。次の**応用問題**に進みます。

応用問題 2

次の日本語を英語に直しなさい。

人はどこに住んでいようと、買い物をする口実を持ちたがるのだろうね。

「人はどこに住んでいようと」から、wherever を使って **wherever they live** とします。従属節なので、「人」は代名詞にしておきましょう。「買い物をする口実を持ちたがるのだろうね」は、seem to *do* を使うと、「持ちたがる」で使う want to *do* と不定詞が重複するので、**it seems that** を使います。**it seems that people want to have an excuse for shopping** とします。「買い物をする口実」は「買い物をするための言い訳」と読み換えて、**an excuse for** ～を使いましょう。

まとめると、**Wherever they live, it seems that people want to have an excuse for shopping.** が正解になります。

口頭チェックテスト Words&Phrases

□	① 宿題	homework
□	② ～するときはいつでも	whenever ～
□	③ ～を提出する	hand in ～
□	④ 明かりを消す	turn off the lights
□	⑤ パン屋	bakery shop
□	⑥ 通り過ぎる	pass
□	⑦ 匂い	smell
□	⑧ 空腹を覚える	feel hungry
□	⑨ どこに～でも	wherever ～
□	⑩ 口実	excuse

口頭チェックテスト Sentences

□ ① 宿題はいつでも好きなときに提出できます。
You can hand in your homework whenever you like.

□ ② 出かけるときはいつでも、明かりを消すのを忘れないでください。
Whenever you go out, please don't forget to turn off the lights.

□ ③ そのパン屋の前を通り過ぎるときはいつも、そのいい匂いのために私は空腹を覚えた。
Whenever I passed in front of the bakery shop, I felt hungry because of its good smell.

□ ④ 人はどこに住んでいようと、買い物をする口実を持ちたがるのだろうね。
Wherever they live, it seems that people want to have an excuse for shopping.

PATTERN 25 「～する限り」

和文英訳クイズ

日本語を参考にして、下の空所に適切な英語を書きなさい。

私に関する限り何も不満はありません。

[ ], I have no complaints.

「～する限り」は、**範囲や程度の限界**を示す文脈では、**as far as** ～を使うことができます。**条件や時間の限界**を示す文脈では、**as long as** ～を使います。上のクイズでは、**関与している範囲**なので、**as far as I'm concerned** とします。「S に関する限り」は **as far as S be concerned** と覚えておきましょう。完成した英文は、**As far as I'm concerned, I have no complaints.** になります。続いて、**演習問題**に進みます。

演習問題

次の日本語を英語に直しなさい。

私の知る限りでは、彼はそのような誤りをおかしたことがない。

「私の知る限りでは」は知識の範囲の限界なので、**as far as I know** とします。「彼はそのような誤りをおかしたことがない」は、**make a mistake**「間違いをおかす」を使って、**he has never made such a mistake** とします。「そのような」は **such** で表します。まとめると、**As far as I know, he has never made such a mistake.** が正解になります。「**～のような**」の表現をまとめます。

和文英訳POINT9 **「～のような」の表現**

□	そのような	such
□	あのような	～ like that
□	このような	～ like this

「そのような」は英語では **such** で表します。「あのような」も具体的なものを受けると前置詞の like「〜のような」を使って、〜 **like that** とします。「このような」は 〜 **like this** で表します。例えば、「このような場所」は、**a place like this** と表し、「こんなこと」は **something like this** と表します。続いて、**応用問題**に進みます。

応用問題

次の日本語を英語に直しなさい。

私が覚えているかぎり、父があんなに怒ったのを見たことがありません。

「私が覚えているかぎり」は記憶の範囲の限界なので、**as far as I remember** で表します。「父があんなに怒ったのを見たことがありません」は、主語の I を補って、現在完了を使って、**I have never seen my father so angry before.** とします。see の第5文型を使っています。まとめると、**As far as I remember, I have never seen my father so angry before.** が正解になります。

口頭チェックテスト **Words&Phrases**

□	① S に関する限り	as far as S be concerned
□	② 不満	complaint
□	③ S の知る限り	as far as S know
□	④ そのような	such
□	⑤ 誤りをおかす	make a mistake
□	⑥ S が覚えている限り	as far as S remember

口頭チェックテスト **Sentences**

□ ① 私に関する限り何も不満はありません。
As far as I'm concerned, I have no complaints.

□ ② 私の知る限りでは、彼はそのような誤りをおかしたことがない。
As far as I know, he has never made such a mistake.

□ ③ 私が覚えているかぎり、父があんなに怒ったのを見たことがありません。
As far as I remember, I have never seen my father so angry before.

PATTERN 26 「〜しない限り」

和文英訳クイズ

日本語を参考にして、下の空所に適切な英語を書きなさい。

雪が降らない限り、迎えに行きます。
I will [ ].

文の骨格は、主語と目的語を補うと「私はあなたを迎えに行きます」なので、**pick up**「迎えに行く」を使って、**I will pick you up** とします。**目的語が it や you のような代名詞の場合は pick と up で目的語を挟む語順になる**ので、おさえておきましょう。

続いて、「雪が降らない限り」は **unless** 〜「〜しない限り」を使って、**unless it snows** とします。完成した英文は、**I will pick you up unless it snows.** になります。続いて、**演習問題**に進みます。

演習問題

次の日本語を英語に直しなさい。

私が間違っていない限り、私たちはあと3時間でそこに着くだろう。

「〜ない限り」から、unless を使って、**Unless I am mistaken,** 〜**.** とします。「私たちはあと3時間でそこに着くだろう」は、時の経過の in「〜後に」を使って、**we will get there in three hours** とします。まとめると、**Unless I am mistaken, we will get there in three hours.** が正解になります。続いて、**応用問題**に進みます。

応用問題

次の日本語を英語に直しなさい。

けれども医療の場では、患者の様子をよく観察して、苦しみの声に耳を傾けなければ真実は明らかにならない。

文の骨格は、「〜なければ真実は明らかにならない」なので、**unless** と、「明らかになる」は **become clear** を使って、**the truth does not become clear unless** 〜とします。「医療の場では」は、**in a medical situation** とします。「患者の様子をよく観察して」は、**you observe the conditions of the patients carefully** とします。続いて、「苦しみの声に耳を傾け」は、**and listen to their suffering voices** とします。「自然と耳に入って来る」は **hear**、「意識的に耳を傾ける」は **listen to** 〜で表すので、おさえておきましょう。

まとめると、**However, in a medical situation, the truth does not become clear unless you observe the conditions of the patients carefully and listen to their suffering voices.** が正解になります。

口頭チェックテスト Words&Phrases

□	① 〜しない限り	unless 〜
□	② 迎えに行く	pick up
□	③ 間違っている	be mistaken
□	④ 〜後に	(時の経過の) in
□	⑤ 医療の場	medical situation
□	⑥ 患者	patient
□	⑦ よく観察する	observe carefully
□	⑧ 苦しみの声	suffering voice

口頭チェックテスト Sentences

□	① 雪が降らない限り、迎えに行きます。 I will pick you up unless it snows.
□	② 私が間違っていない限り、私たちはあと3時間でそこに着くだろう。 Unless I am mistaken, we will get there in three hours.
□	③ けれども医療の場では、患者の様子をよく観察して、苦しみの声に耳を傾けなければ真実は明らかにならない。 However, in a medical situation, the truth does not become clear unless you observe the conditions of the patients carefully and listen to their suffering voices.

PATTERN 27 「どれだけ～でも」

和文英訳クイズ

次の日本語を英語に直しなさい。

外の気温がどれだけ暑くても、お白湯や温かい飲み物を選ぶことが多い。

「どれだけ～でも」や「どれほど～でも」は、**no matter how** ～を使います。「～」には形容詞や副詞を入れることが多くなります。上のクイズでは、「外の気温がどれだけ暑くても」なので、**no matter how hot the temperature outside is,** とします。続いて、「お白湯や温かい飲み物を選ぶことが多い」は、主語の I を補って、**I often choose hot water or a hot drink** とします。まとめると、**No matter how hot the temperature outside is, I often choose hot water or a hot drink.** が正解になります。続いて、**演習問題**に進みます。

演習問題

次の日本語を英語に直しなさい。

どんなにきつい練習をしてもそれを楽しく感じるなら、君は才能があるということだよ。

「どんなにきつい練習をしてもそれを楽しく感じるなら」は、主語の you を補って、**if** ～と **no matter how** ～を使って、**If you enjoy the practice no matter how hard it is,** とします。「君は才能があるということだよ」は、「それは君に才能があることを意味する」と読み換えて、**that means you are talented** とします。まとめると、**If you enjoy the practice no matter how hard it is, that means you are talented.** が正解になります。続いて、**応用問題**に進みます。

応用問題

次の日本語を英語に直しなさい。

現在がどれほど豊かに感じられたとしても、私たちがこうした先人たちに対する敬意を忘れることはあってはならない。

「現在がどれほど豊かに感じられたとしても」は、主語の we を補って、**no matter how ～** を使って、**no matter how rich we feel now,** とします。「私たちがこうした先人たちに対する敬意を忘れることはあってはならない」は、【禁止】の意味の **must not** を使って、**we must not forget to show respect toward these people from the past** とします。ここでいう「先人」とは、祖先ではなくて、「昔の人」を意味するので **people from the past** で表します。まとめると、**No matter how rich we feel now, we must not forget to show respect toward these people from the past.** が正解です。

口頭チェックテスト **Words&Phrases**

□	① どれだけ～でも	no matter how ～
□	② 気温	temperature
□	③ 練習	practice
□	④ 才能がある	be talented
□	⑤ ～に対する敬意	respect toward ～
□	⑥ 先人	people from the past

口頭チェックテスト　**Sentences**

- [ ] ① 外の気温がどれだけ暑くても、お白湯や温かい飲み物を選ぶことが多い。
  No matter how hot the temperature outside is, I often choose hot water or a hot drink.
- [ ] ② どんなにきつい練習をしてもそれを楽しく感じるなら、君は才能があるということだよ。
  If you enjoy the practice no matter how hard it is, that means you are talented.
- [ ] ③ 現在がどれほど豊かに感じられたとしても、私たちがこうした先人たちに対する敬意を忘れることはあってはならない。
  No matter how rich we feel now, we must not forget to show respect toward these people from the past.

その

5

構文の章

いよいよ構文の章です。構文は文全体の形を決めるので、とても重要になります。「～することが重要だ」、「～することが難しい」などは、**形式主語の it** を使うとすぐに判断できるようにしましょう。「～する人もいれば、…する人もいる」は **Some people ～, and others ….** で表します。実際の和文英訳の問題では、「～する人もいる」が頻出なので、その場合は **Some people ～ .** と表現しましょう。

PATTERN 28 「～することが重要だ」

和文英訳クイズ

日本語を参考にして、下の空所に適切な英語を書きなさい。

あなたは十分な休養を取ることが重要だ。

It is [　　　　　　　　　　　　　　　　　　].

「～することが重要だ」は形式主語の it を使って、**It is important to *do*.** で表します。「…が～することが重要だ」となると、不定詞の主語を to *do* の前に for S と置いて、**It is important for S to *do*.** とします。上のクイズは、「あなたは～を取ることが重要だ」なので、**It is important for you to *do* ～ .** となります。「十分な休養を取る」は、**take a rest**「休息を取る」を使って、*do* ～に、**take a good rest** を入れましょう。完成した英文は、**It is important for you to take a good rest.** になります。**「重要だ」に関する英語表現**をまとめます。

和文英訳POINT10 **「重要だ」に関する英語表現**

□	重要だ、大事だ、大切だ	important
□	不可欠だ、欠かせない、肝心だ	essential

「重要だ」を意味する英単語はたくさん存在しますが、和文英訳で使う際には、2つの単語をおさえておけば良いでしょう。通常の「重要だ」、「大事だ」、「大切だ」などはすべて **important** で表します。一方で、「不可欠だ」、「欠かせない」、「肝心だ」のように important を強めた単語では **essential** を使いましょう。続いて、**演習問題**に進みます。

演習問題

次の日本語を英語に直しなさい。

円滑なコミュニケーションを行うためには、聞き手が、会話に積極的に参加することが不可欠だ。

文の骨格は、「〜するためには、聞き手が…することが不可欠だ」なので、**in order to *do***「〜するためには」と **it is essential for S to *do*** を使って、**In order to *do* 〜 , it is essential for listeners to *do* ….** とします。「〜」に入る「円滑なコミュニケーションを行う」は、**communicate smoothly** とします。「…」に入る「会話に積極的に参加する」は、**take part in a conversation actively** とします。

まとめると、**In order to communicate smoothly, it is essential for listeners to take part in a conversation actively.** が正解になります。続いて、**応用問題**に進みます。

応用問題

次の日本語を英語に直しなさい。

もちろん、インターネット上で母語を扱えることは大切ですが、それだけでなく、「多様な言語を使う多様な人々との共存」という点が肝心なのです。

最初の文の「インターネット上で母語を扱えることは大切」は、**it is important to *do*** を使って、**it is important to use their mother tongue on the Internet** とします。「インターネット上で」や「インターネットで」は **on the Internet** です。よく使う表現なので、おさえておきましょう。

続いて、「『多様な言語を使う多様な人々との共存』という点が肝心」は、**it is essential to coexist with various groups of people using different languages** とします。「多様な」が2回出てきますが、英語では繰り返しが避けられるので、various、different と違う形容詞を使うようにしましょう。

「それだけでなく」は、「さらに」と読み換えて **in addition** でつなぎましょう。まとめると、**Of course, it is important to use their mother tongue on the Internet. In addition, it is essential to coexist with various groups of people using different languages.** が正解になります。

口頭チェックテスト Words&Phrases

□	① 休養を取る	take a rest
□	② 円滑に	smoothly
□	③ 不可欠だ	essential
□	④ インターネット上で	on the Internet
□	⑤ 母語	mother tongue
□	⑥ 多様な	various
□	⑦ 共存する	coexist

口頭チェックテスト Sentences

□ ① あなたは十分な休養を取ることが重要だ。

It is important for you to take a good rest.

□ ② 円滑なコミュニケーションを行うためには、聞き手が、会話に積極的に参加することが不可欠だ。

In order to communicate smoothly, it is essential for listeners to take part in a conversation actively.

□ ③ もちろん、インターネット上で母語を扱えることは大切ですが、それだけでなく、「多様な言語を使う多様な人々との共存」という点が肝心なのです。

Of course, it is important to use their mother tongue on the Internet. In addition, it is essential to coexist with various groups of people using different languages.

PATTERN 29 「～することが難しい」

和文英訳クイズ

日本語を参考にして、下の空所に適切な英語を書きなさい。

新しい法律の効果を評価することは難しい。

It [ ].

「～することが難しい」や「～することが困難だ」は、形式主語のitを使って、**It is difficult to *do* ～.** の構文を使います。上のクイズでは、「～を評価することは難しい」なので、**It is difficult to assess ～.** とします。「新しい法律の効果」は、**the effects of the new law** としましょう。まとめると、**It is difficult to assess the effects of the new law.** が正解になります。続いて、**演習問題**に進みます。

演習問題

次の日本語を英語に直しなさい。

コンピューターが適切な決断を下すのは、ひょっとすると難しいかもしれません。

「～のは、ひょっとすると難しいかもしれません」から、**It is difficult to *do* ～.** を使って、**It is possibly difficult to *do* ～.** とします。「コンピューターが適切な決断を下す」は、不定詞の主語の **for S** を to *do* の前に置いて、**make a decision**「決断を下す」を使い、**for computers to make an appropriate decision** とします。まとめると、**It is possibly difficult for computers to make an appropriate decision.** が正解になります。続いて、**応用問題**に進みます。

応用問題

次の日本語を英語に直しなさい。

しかし、その市民の多くは、適切な健康管理、飲料水、電気などの基本的なサービスを利用することが困難です。

「その市民の多くは〜を利用することが困難です」は、**It is difficult for S to *do* 〜.** を使って、**It is difficult for many of its citizens to make use of 〜.** とします。「適切な健康管理、飲料水、電気などの基本的なサービスを」は、**such as** 〜「〜のような」を使って、**basic services such as adequate health care, drinking water, and electricity** とします。まとめると、**However, it is difficult for many of its citizens to make use of basic services such as adequate health care, drinking water, and electricity.** が正解になります。

口頭チェックテスト　Words&Phrases

□	① 法律	law
□	② 効果	effect(s)
□	③ 評価する	assess
□	④ 適切な	appropriate
□	⑤ 判断を下す	make a decision
□	⑥ ひょっとすると	possibly
□	⑦ 市民	citizen
□	⑧ 健康管理	health care
□	⑨ 飲料水	drinking water
□	⑩ 電気	electricity
□	⑪ 〜などの	such as 〜
□	⑫ 基本的なサービス	basic service

口頭チェックテスト　Sentences

- ① 新しい法律の効果を評価することは難しい。
  It is difficult to assess the effects of the new law.
- ② コンピューターが適切な決断を下すのは、ひょっとすると難しいかもしれません。
  It is possibly difficult for computers to make an appropriate decision.
- ③ しかし、その市民の多くは、適切な健康管理、飲料水、電気などの基本的なサービスを利用することが困難です。
  However, it is difficult for many of its citizens to make use of basic services such as adequate health care, drinking water, and electricity.

PATTERN 30 「～する人もいれば、…する人もいる」

和文英訳クイズ

日本語を参考にして、下の空所に適切な英語を書きなさい。

コーヒーの好きな人もいれば、紅茶の方が好きな人もいる。

[　　　　　　　　] like coffee, and [　　　　　　　　] prefer tea.

「～する人もいれば、…する人もいる」から、**Some ～ , and others ….** を推測して、最初の空所には **Some**、後ろの空所には **others** が入ります。others に対応する動詞は、**コーヒーより紅茶が好きというニュアンスなので prefer を使う**ことをおさえておきましょう。まとめると、**Some people like coffee, and others prefer tea.** になります。**Some ～ , and others ….** は、英作文では頻出の表現になるので、必ずおさえておきましょう。また、これの応用表現も頻出なので、次の **PATTERN 31** で扱います。続いて、**演習問題**に進みます。

演習問題

次の日本語を英語に直しなさい。

世の中には英語が苦手だという人もいれば、好きだという人もいる。

「～という人もいれば、…という人もいる」から、**Some ～ , and others ….** を使いますが、この問題では「世の中には」という表現が付いているので、少し応用が必要になります。in the world を後ろに置いても置く場所がないので、**文頭に置いて、there be 構文で some、others を使います**。よって、**In the world there are some people who say that they are poor at English, and others who say that they like it.** が正解になります。続いて、**応用問題**に進みます。

応用問題

次の日本語を英語に直しなさい。

読書が好きという人はいても、教科書を読むのが大好きという人はなかなかいない。

「〜人はいても、…人はなかなかいない」から、**Some 〜 , and others ….** を応用すればよいと類推します。「〜人はいても」から、and を but に換えて、「…人はなかなかいない」から、**others を very few に換えます。** まとめると、**Some people like reading, but very few like reading textbooks.** が正解になります。ちなみに、**「読書」は目的語に books を付けなくても問題ありません。目的語にあえて名詞を置かなくても良い表現**をまとめます。

和文英訳POINT11 **目的語にあえて名詞を置かなくても良い表現**

□	読書をすること	reading
□	お酒を飲むこと	drinking
□	車を運転すること	driving

この3つの表現は、**目的語が books、alcohol、cars と自明なので、わざわざ書かなくても、reading、drinking、driving で「読書をすること」、「お酒を飲むこと」、「車を運転すること」という意味になる**ので、おさえておきましょう。

口頭チェックテスト **Words&Phrases**

□	① 〜する人もいれば、…する人もいる	Some 〜 , and others….
□	② 〜が苦手だ	be poor at 〜
□	③ 読書	reading
□	④ 教科書	textbooks

口頭チェックテスト **Sentences**

□	① コーヒーの好きな人もいれば、紅茶の方が好きな人もいる。 Some people like coffee, and others prefer tea.
□	② 世の中には英語が苦手だという人もいれば、好きだという人もいる。 In the world there are some people who say that they are poor at English, and others who say that they like it.
□	③ 読書が好きという人はいても、教科書を読むのが大好きという人はなかなかいない。 Some people like reading, but very few like reading textbooks.

PATTERN 31 「～する人もいる」

和文英訳クイズ

日本語を参考にして、下の空所に適切な英語を書きなさい。

よく眠るのが難しい人もいる。

[　　　　　　　　　] find it difficult to sleep well.

「～人もいる」から、**Some people ～ .** と文を続けられるようにしましょう。**PATTERN 30** で紹介した、**Some ～ , and others ….**「～する人もいれば、…する人もいる」の応用です。and 以下がなくなって、**Some people ～ .**「～する人もいる」となりました。よって、空所には **Some people** が入ります。「よく眠るのが難しい」は、「しっかり眠るのを難しいと思う」と解釈して、find の第５文型と形式目的語の it を使って、find it difficult to sleep well とします。まとめると、**Some people find it difficult to sleep well.** が完成された英文になります。続いて、**演習問題**に進みます。

演習問題

次の日本語を英語に直しなさい。

生涯独身のままでいる者もいる、現在20％もの日本人がそうであるように。

「～者もいる」から、**Some people ～ .** を使います。「生涯独身のままでいる」は、**remain C**「C のままである」を使って、**remain single during their lifetime** とします。「現在２０％もの日本人がそうであるように」は、**【様態】の as**「**～のように**」と **no less than**「**～もの**」と**代動詞**を使って、**as no less than 20% of the Japanese do currently** とします。まとめると、**Some people remain single during their lifetime, as no less than 20% of the Japanese do currently.** が正解になります。**婚姻関係の英語表現**はよく狙われるので、まとめます。

和文英訳POINT12 婚姻関係の英語表現

□	結婚する / 結婚している	get married / be married
□	離婚する	get divorced
□	独身のままでいる	remain single
□	結婚式 / 結婚記念日	wedding ceremony / wedding anniversary

「結婚する」という変化は **get married**、「結婚している」という状態は **be married** で表します。「離婚する」は **get divorced** になります。「独身のままでいる」は **remain single** で、「結婚式」、「結婚記念日」はそれぞれ **wedding ceremony**、**wedding anniversary** になります。続いて、**応用問題**に進みます。

応用問題

次の日本語を英語に直しなさい。

しかし、健康維持がコーヒーそのものに由来しているかどうかは不確かであるという専門家もいる。

Some people ～ .「～する人もいる」の応用です。「～専門家もいる」から、**some experts ～ .** としましょう。「～かどうかは不確かであるという」から、**形式主語の it** と **whether** を使って、**some experts say that it is uncertain whether ～ .** とします。「健康維持がコーヒーそのものに由来している」は、**maintaining good health comes from coffee itself** としましょう。動名詞の maintaining で主語のカタマリを作り、「由来する」はシンプルに **come from** を使いましょう。まとめると、**However, some experts say that it is uncertain whether maintaining good health comes from coffee itself.** が正解になります。

口頭チェックテスト Words&Phrases

□	① ～する人もいる	Some people ～.
□	② 生涯	during *one's* lifetime
□	③ 独身のままでいる	remain single
□	④ ～もの	no less than ～
□	⑤ 健康維持	maintaining good health
□	⑥ 不確かだ	uncertain
□	⑦ 専門家	expert

口頭チェックテスト Sentences

□	① よく眠るのが難しい人もいる。 Some people find it difficult to sleep well.
□	② 生涯独身のままでいる者もいる、現在２０％もの日本人がそうであるように。 Some people remain single during their lifetime, as no less than 20% of the Japanese do currently.
□	③ しかし、健康維持がコーヒーそのものに由来しているかどうかは不確かであるという専門家もいる。 However, some experts say that it is uncertain whether maintaining good health comes from coffee itself.

PATTERN 32 「とても〜なので…」

和文英訳クイズ

次の日本語を英語に直しなさい。

彼女は日本がとても楽しかったので、もう1度訪れようと心に決めている。

「とても〜なので…」は **so 〜 that** …で表します。「日本がとても楽しかった」を「日本をとても楽しんだ」と読み換えて **She enjoyed Japan so much that ….** とします。「もう1度訪れようと心に決めている」は通常の decide to *do* より強い決意を意味する **be determined to *do*** を使って、**she is determined to visit again** とします。まとめると、**She enjoyed Japan so much that she is determined to visit again.** が正解です。続いて、**演習問題**に進みます。

演習問題

次の日本語を英語に直しなさい。

彼はとても緊張しているように見えたので、何か普通じゃないことが起こるだろうという予感がしたわ。

「彼はとても緊張しているように見えたので」から、**so 〜 that** …と **seem C「C に見える」**を使って、**He seemed so nervous that ….** とします。「何か普通じゃないことが起こるだろうという予感がした」は、主語の I を補って同格の that を使って、**I had a feeling that something unusual would happen.** とします。something は形容詞を後ろに置いて説明するので、「何か普通じゃないこと」は **something unusual** とします。まとめると、**He seemed so nervous that I had a feeling that something unusual would happen.** が正解になります。続いて、**応用問題**に進みます。

応用問題 1

次の日本語を英語に直しなさい。

それはとても実験的で難しいものだったので、これまでマウスでのみ試みられていた。

「それはとても実験的で難しいものだったので」から **so ～ that …**を使って、**It was so experimental and difficult that ….** とします。「これまでマウスでのみ試みられていた」は、「難しいものだった」という**過去を基準として、それ以前の話なので過去完了**を使い、**it had been tried only in mice until then** とします。「マウス」は、**総称の複数**を使って、mouse の複数形の mice とします。「これまで」は「その時まで」の意味なので、so far ではなく **until then** としましょう。まとめると、**It was so experimental and difficult that it had been tried only in mice until then.** が正解です。次の**応用問題**に進みます。

応用問題 2

次の日本語を英語に直しなさい。

ビリーは、皆が彼の言っていることが完全には理解できないくらい、すでにとても緊張していた。

so ～ that …の応用編です。「…なほど～」にも、so ～ that …を使うことができます。「～できないくらい、ビリーはすでにとても緊張していた」は、**so ～ that …**を使って、**Billy was already so nervous that ….** とします。「皆が彼の言っていることが完全には理解できないくらい」は、部分否定の **not completely** を使って、**people could not completely understand what he was saying** とします。まとめると、**Billy was already so nervous that people could not completely understand what he was saying.** が正解になります。

口頭チェックテスト Words&Phrases

□	① とても〜なので…	so 〜 that …
□	② 心に決めている	be determined to *do*
□	③ 普通じゃないこと	something unusual
□	④ 〜という予感	a feeling that 〜
□	⑤ 実験的な	experimental
□	⑥ …なほど〜	so 〜 that …
□	⑦ 完全には〜ない	not completely 〜

口頭チェックテスト Sentences

□ ① 彼女は日本がとても楽しかったので、もう1度訪れようと心に決めている。

She enjoyed Japan so much that she is determined to visit again.

□ ② 彼はとても緊張しているように見えたので、何か普通じゃないことが起こるだろうという予感がしたわ。

He seemed so nervous that I had a feeling that something unusual would happen.

□ ③ それはとても実験的で難しいものだったので、これまでマウスでのみ試みられていた。

It was so experimental and difficult that it had been tried only in mice until then.

□ ④ ビリーは、皆が彼の言っていることが完全には理解できないくらい、すでにとても緊張していた。

Billy was already so nervous that people could not completely understand what he was saying.

PATTERN 33「～のおかげで…できる」

和文英訳クイズ

日本語を参考にして、下の空所に適切な英語を書きなさい。

彼の援助のおかげで、私は事業を続けることができる。

His assistance [ ].

「S のおかげで、O が～できる」を意味する英語はいくつかパターンがありますが、**S enable O to *do*** を使います。上のクイズでも、**enable O to *do*** を使って、**enables me to continue my business** を空所に入れます。完成した英文は、**His assistance enables me to continue my business.** になります。続いて、**演習問題**に進みます。

演習問題

次の日本語を英語に直しなさい。

スマートフォンのおかげで実際に会えない人とつながることができるよね。

主語を補うと、文の骨格は「スマートフォンのおかげで私たちは～ができる」なので、**enable O to *do*** を使って、**smartphones enable us to *do*** とします。smartphone は**総称の複数**で表します。「実際に会えない人とつながることができる」は、**get connected to ～**「～とつながる」と関係代名詞の who を使って、**get connected to the people who we cannot see in person** とします。

「実際に会えない」とは「直接会えない」ことなので、**in person**「(電話やメールなどではなく) 直接」を使います。まとめると、**Smartphones enable us to get connected to the people who we cannot see in person.** が正解になります。続いて、**応用問題**に進みます。

応用問題 1

次の日本語を英語に直しなさい。

ことばの研究によって、私たちは人間のこころの理解に近づくことができる。

「S によって、O が〜できる」も **S enable O to *do*.** を使って表します。この問題も、「ことばの研究によって、私たちは〜できる」なので、**Language research enables us to *do* 〜 .** とします。「人間のこころの理解に近づく」は「人間のこころをより綿密に理解できるようになる」と読み換えて、**understand the human mind more closely** とします。まとめると、**Language research enables us to understand the human mind more closely.** が正解になります。次の**応用問題**に進みます。

応用問題 2

次の日本語を英語に直しなさい。

驚異的な知性と忍耐のおかげで、彼女は哲学だけでなくフランス語やドイツ語をも習得することができた。

「驚異的な知性と忍耐のおかげで、彼女は〜ができた」なので、**Her amazing intelligence and patience enabled her to *do* 〜 .** とします。「哲学だけでなくフランス語やドイツ語をも習得する」は、**not only A but also B**「A だけでなく B も」を使って、**learn not only philosophy but also French and German** とします。まとめると、**Her amazing intelligence and patience enabled her to learn not only philosophy but also French and German.** が正解になります。「習得する」で master を使っても良いのですが、「**言語の習得**」**には learn を使えば十分**なので、おさえておきましょう。

口頭チェックテスト　Words&Phrases

□	① S のおかげで O が～できる	S enable O to *do*
□	② 援助	assistance
□	③ 事業	business
□	④ スマートフォン	smartphone
□	⑤ （メールではなく）直接	in person
□	⑥ ～とつながる	get connected to ～
□	⑦ 研究	research
□	⑧ こころ	mind
□	⑨ 驚異的な	amazing
□	⑩ 知性	intelligence
□	⑪ 忍耐	patience
□	⑫ 哲学	philosophy
□	⑬ （言語を）習得する	learn

口頭チェックテスト　Sentences

□ ① 彼の援助のおかげで、私は事業を続けることができる。

His assistance enables me to continue my business.

□ ② スマートフォンのおかげで実際に会えない人とつながることができるよね。

Smartphones enable us to get connected to the people who we cannot see in person.

□ ③ ことばの研究によって、私たちは人間のこころの理解に近づくことができる。

Language research enables us to understand the human mind more closely.

□ ④ 驚異的な知性と忍耐のおかげで、彼女は哲学だけでなくフランス語やドイツ語をも習得することができた。

Her amazing intelligence and patience enabled her to learn not only philosophy but also French and German.

PATTERN 34 「～がある・ない」

和文英訳クイズ

次の日本語を英語に直しなさい。

ヨーロッパにはいつか訪ねてみたい国がたくさんあります。

「～がある」という日本語には、**there be** ～を使います。上のクイズでは、「ヨーロッパには～な国がたくさんあります」なので、**there are many countries in Europe** ～とします。「いつか訪ねてみたい国」は主語の I を補って、関係代名詞を使って、**which I want to visit someday** とします。まとめると、**There are many countries in Europe which I want to visit someday.** が正解です。続いて、**演習問題**に進みます。

演習問題

次の日本語を英語に直しなさい。

私が子どものころ、その角に一軒の小さなケーキ屋があった。

「～その角に一軒の小さなケーキ屋があった」から、**there be 構文**を過去時制で使います。「過去に～があった」は、**used to be** を使って、**There used to be a small cake shop on the corner** ～**.** とします。「私が子どものころ」は、**when I was a child** とします。まとめると、**There used to be a small cake shop on the corner when I was a child.** が正解になります。続いて、**応用問題**に進みます。

応用問題 1

次の日本語を英語に直しなさい。

ボストンには旧州会議事堂(the Old State House)を含めて訪れるべき歴史的な場所がたくさんある。

「ボストンには〜訪れるべき歴史的な場所がたくさんある」は、**there be 構文**と、**不定詞の形容詞的用法**を使って、**There are many historical places to visit in Boston 〜.** とします。「旧州会議事堂を含めて」は、**including 〜**「〜を含めて」を使って、**including the Old State House** とします。まとめると、**There are many historical places to visit in Boston, including the Old State House.** が正解になります。次の**応用問題**に進みます。

応用問題 2

次の日本語を英語に直しなさい。

ぼくは第二次世界大戦中に東京で生まれたんですが、終戦後まもなくは食べるものがなく、砂糖はとくに貴重でした。

「ぼくは第二次世界大戦中に東京で生まれた」は、**be born in** 〜「〜で生まれる」を使って、**I was born in Tokyo during World War II.** とします。「終戦後まもなくは食べるものがなく」は、**there be** 〜を使って、**Soon after the war, there was not enough food 〜.** とします。「砂糖はとくに貴重でした」は、**sugar was particularly precious** とします。まとめると、**I was born in Tokyo during World War II. Soon after the war, there was not enough food, and sugar was particularly precious.** が正解になります。

口頭チェックテスト Words&Phrases

① ～がある	There be ～.
② ～があった	There used to be ～.
③ ケーキ屋	cake shop
④ ～を含めて	including ～
⑤ 歴史的な	historical
⑥ 第二次世界大戦	World War II
⑦ 貴重な	precious

口頭チェックテスト Sentences

① ヨーロッパにはいつか訪ねてみたい国がたくさんあります。

There are many countries in Europe which I want to visit someday.

② 私が子どものころ、その角に一軒の小さなケーキ屋があった。

There used to be a small cake shop on the corner when I was a child.

③ ボストンには旧州会議事堂 (the Old State House) を含めて訪れるべき歴史的な場所がたくさんある。

There are many historical places to visit in Boston, including the Old State House.

④ ぼくは第二次世界大戦中に東京で生まれたんですが、終戦後まもなくは食べるものがなく、砂糖はとくに貴重でした。

I was born in Tokyo during World War II. Soon after the war, there was not enough food, and sugar was particularly precious.

PATTERN 35 「～人がたくさんいる・いない」

和文英訳クイズ

日本語を参考にして、下の空所に適切な英語を書きなさい。

インターネットを使って、海外の情報を得る人が多い。
[　　　　　　　　　　] from overseas on the Internet.

「～人が多い」を英語にするには、**Many people ～.** としましょう。There are many people who ～. は、many people の存在が新情報、すなわち相手の知らない情報となるような、相手の目を引く場合に使います。「海外の情報を得る」から、**get information from overseas** とします。よって、空所には **Many people get information** が入ります。完成した英文は、**Many people get information from overseas on the Internet.** になります。続いて、**演習問題**に進みます。

演習問題

次の日本語を英語に直しなさい。

それは根も葉もないつくり話だったが、まことしやかなので信じた人がたくさんいた。

「根も葉もないつくり話」とは「まったくのつくり話」のことなので、**pure fiction** とします。**そのまま直訳できない日本語表現**をまとめます。

和文英訳POINT13　**そのまま直訳できない「赤」にまつわる日本語表現**

□	赤の他人	a total stranger
□	真っ赤な嘘	a complete lie
□	赤裸々に話す	speak frankly

「赤の他人」、「真っ赤な嘘」、「赤裸々に話す」を紹介しますが、日本語では「赤」は「明らかな」と語源が一緒なことから、「全くの」といった意味があります。「赤の他人」は「完全な他人」で **a total stranger**、「真っ赤な嘘」は「完全な嘘」から **a complete lie**、「赤裸々に話す」は「正直に話す」で **speak frankly** になります。

問題に戻ると、「まことしやか」は「いかにも本当らしい」という意味で **seem true** と表現します。「その話が」と主語を補って、**it (=the story) seemed true** とします。「信じた人がたくさんいた」は **many people believed it** とします。まとめると、**The story was pure fiction, but it seemed true, so many people believed it.** が正解になります。続いて、**応用問題**に進みます。

応用問題

次の日本語を英語に直しなさい。

自分の夢に向かって、確信をもって歩める人は多くはない。

「～人は多くはない」も、「～人が多い」= **many people ～** を応用して、**Not many people ～ .** とします。「自分の夢に向かって、確信をもって歩める」は、「自分の夢に向かって確信をもって進む」ことなので、**advance confidently for their dreams** とします。まとめると、**Not many people advance confidently for their dreams.** が正解です。

口頭チェックテスト Words&Phrases

□	① ～人が多い	Many people ～ .
□	② インターネットを使って	on the Internet
□	③ 情報を得る	get information
□	④ 海外の	overseas
□	⑤ 根も葉もないつくり話	pure fiction
□	⑥ まことしやかだ	seem true
□	⑦ 確信をもって歩む	advance confidently
□	⑧ ～人は多くはない	Not many people ～ .

口頭チェックテスト Sentences

□	① インターネットを使って、海外の情報を得る人が多い。 Many people get information from overseas on the Internet.
□	② それは根も葉もないつくり話だったが、まことしやかなので信じた人がたくさんいた。 The story was pure fiction, but it seemed true, so many people believed it.
□	③ 自分の夢に向かって、確信をもって歩める人は多くはない。 Not many people advance confidently for their dreams.

PATTERN 36 「〜して初めて…する」

和文英訳クイズ

日本語を参考にして、下の空所に適切な英語を書きなさい。

健康を害して、初めてその価値に気づく。
It is [ ].

「〜して初めて…する」から、強調構文の一種である **It is not until 〜 that ….** を使います。「健康を害して」は、**総称の you** を使って、**you lose your health** とします。「その価値に気づく」は、**you realize its value** としましょう。完成した英文は、**It is not until you lose your health that you realize its value.** になります。続いて、**演習問題**に進みます。

演習問題

次の日本語を英語に直しなさい。

たいていの人は、持っているものを失って初めて、そのありがたさに気づくものだ。

「〜して初めて、…」から、**It is not until 〜 that ….** を使います。「たいていの人は持っているものを失って」は**関係代名詞の what** を使って、**most people lose what they have** とします。「そのありがたさに気づく」は「その重要性に気づく」と読み換えて、**they realize its importance** とします。ただし、上の構文に当てはめると、主節は「…」になるので、「…」に most people を使って、「〜」に代名詞の they を使います。まとめると、**It is not until they lose what they have that most people realize its importance.** が正解になります。続いて、**応用問題**に進みます。

応用問題

次の日本語を英語に直しなさい。

自分で(パン作りを)経験して初めて、店頭で売っているパンのありがたみが分かるようになるものだ。

「～して初めて、…」から **It is not until ～ that ….** を使います。「自分で（パン作りを）経験して」は **you experience bread making** とします。「～のありがたみが分かるようになる」は、「～の価値に気づけるようになる」と読み換えて、**come to *do***「～するようになる」を使って、**you will come to realize the value of ～.** とします。「店頭で売っているパン」は、過去分詞の sold を使って、**the bread sold at stores** とします。まとめると、**It is not until you experience bread making that you will come to realize the value of the bread sold at stores.** が正解になります。

口頭チェックテスト Words&Phrases

□	① ～して初めて…する	it is not until ～ that …
□	② ありがたさ	importance (value)
□	③ 経験する	experience
□	④ パン	bread

口頭チェックテスト Sentences

□	① 健康を害して、初めてその価値に気づく。 It is not until you lose your health that you realize its value.
□	② たいていの人は、持っているものを失って初めて、そのありがたさに気づくものだ。 It is not until they lose what they have that most people realize its importance.
□	③ 自分で（パン作りを）経験して初めて、店頭で売っているパンのありがたみが分かるようになるものだ。 It is not until you experience bread making that you will come to realize the value of the bread sold at stores.

その

6

仮定法の章

仮定法とは、空想の世界を表す表現方法です。「〜したら」は実現可能性があるならifを使って直説法ですが、**実現可能性がない場合はifを使った仮定法**になります。現在の空想である仮定法過去は、**if節に過去形、主節に助動詞の過去形＋動詞の原形**を使います。過去の空想である仮定法過去完了は、**if節に過去完了形、主節に助動詞の過去形＋have p.p.** を使うことをおさえておきましょう。

「まるで〜かのように」も仮定法の頻出表現で **as if** 〜を使えるようにしましょう。「〜だったらなあ」は **I wish 〜 .** で、〜に仮定法の時制を使うことをおさえておきましょう。

PATTERN 37 「～したら」

和文英訳クイズ

日本語を参考にして、下の空所に適切な英語を書きなさい。

私があなただったら、人生の困難を乗り越えるために何でもするだろう。

[　　　　　], [　　　　　　　　　] to overcome some difficulty in life.

「私があなただったら」で、仮定法過去の表現とわかるので、**If I were you** と表現します。仮定法過去の主節は、助動詞の過去形＋動詞の原形で表すので、「何でもするだろう」は、**I would do anything I can** とします。ここでの「何でも」は、「私ができる何でも」という意味なので、**anything I can do** として、anything の動詞が do なので、後ろの do は省略します。「人生の困難を乗り越えるために」は、不定詞の副詞的用法を使って、**to overcome some difficulty in life** とします。完成した英文は、**If I were you, I would do anything I can to overcome some difficulty in life.** になります。続いて、**演習問題**に進みます。

演習問題

次の日本語を英語に直しなさい。

ここに10分早く着いていたら、もっと簡単に席を見つけられたでしょうに。

「～に着いていたら、…見つけられたでしょうに」から、過去の空想なので仮定法過去完了と判断して、**if 節に過去完了、主節に助動詞の過去形＋have p.p.** を使います。主語に you を補って、**If you had arrived here ten minutes earlier, you could have found a seat more easily.** が正解です。続いて、**応用問題**に進みます。

応用問題

次の日本語を英語に直しなさい。

もし我々が別世界に生きているとしたら、個人としてあるいはグループで我々はどのように振る舞うであろうか。

「もし我々が～生きているとしたら、…どのように振る舞うであろうか」から、仮定法過去の表現とわかりますが、「別世界に生きる」という完全にありえない仮定なので、if節に **were to *do*** を使うと判断します。「もし我々が別世界に生きているとしたら」は、**If we were to live in another world** とします。主節の「個人としてあるいはグループで我々はどのように振る舞うであろうか」は、how を使った疑問文にして、**how would we behave as individuals or as a group?** とします。完成した英文は、**If we were to live in another world, how would we behave as individuals or as a group?** になります。

口頭チェックテスト **Words&Phrases**

□	① 私があなただったら	if I were you
□	② 困難	difficulty
□	③ 乗り越える	overcome
□	④ 何でもする	do anything I can
□	⑤ 別世界	another world
□	⑥ 個人	individual
□	⑦ 振る舞う	behave

口頭チェックテスト **Sentences**

□ ① 私があなただったら、人生の困難を乗り越えるために何でもするだろう。
If I were you, I would do anything I can to overcome some difficulty in life.

□ ② ここに10分早く着いていたら、もっと簡単に席を見つけられたでしょうに。
If you had arrived here ten minutes earlier, you could have found a seat more easily.

□ ③ もし我々が別世界に生きているとしたら、個人としてあるいはグループで我々はどのように振る舞うであろうか。
If we were to live in another world, how would we behave as individuals or as a group?

PATTERN 38 「まるで～かのように」

和文英訳クイズ

日本語を参考にして、下の空所に適切な英語を書きなさい。

彼女は、まるで何でも知っているかのように話した。

She talked [ ].

「まるで何でも知っているかのように」から、**as if** ～「まるで～かのように」を使うと推測します。このクイズのように実態と反する場合は仮定法の表現となり、「～」は主節の動詞と同時の場合は仮定法過去、主節より1つ古い時制ならば仮定法過去完了を使います。「何でも知っているかのように話す」は、「知っている」と「話す」は同時なので仮定法過去の表現となり、**as if she knew everything** とします。完成した英文は、**She talked as if she knew everything.** になります。続いて、**演習問題**に進みます。

演習問題

次の日本語を英語に直しなさい。

子供たちはあたかも何事もなかったように遊び続けた。

文の骨格は「子供たちは～遊び続けた」なので、**keep *doing***「～し続ける」を推測して、**The children kept playing** とします。**Children とすると子供たち全般を指しますが、この問題ではその場にいる子供たちなので、The children** とします。続いて、「あたかも何事もなかったように」から、**as if** を使うと推測して、**as if nothing had happened** とします。「遊び続ける」のと「何事もなかった」は、何事もない方が、時制が古いので仮定法過去完了を使うことに注意しましょう。ここまでをまとめると、**The children kept playing as if nothing had happened.** が正解になります。続いて、**応用問題**に進みます。

応用問題

次の日本語を英語に直しなさい。

それは古びたアナログ(analogue)録音かと思うくらい、本物らしく聞こえる。

「それは～と思うくらい、本物らしく聞こえる」から、**sound C**「Cに聞こえる」と**as if**を使って、**It sounds real as if ～.** とします。「本物の」なので**real**として、**true**「真実の」と区別して使いましょう。「古びたアナログ録音」から、as if以下は時制が同時で仮定法過去を使うので、**it were an old-fashioned analogue recording**とします。まとめると、**It sounds real as if it were an old-fashioned analogue recording.** が正解になります。

口頭チェックテスト **Words&Phrases**

□	① まるで～かのように	as if ～
□	② 何事もなかった	nothing happened
□	③ 古びた	old-fashioned
□	④ 録音	recording
□	⑤ 本物の	real
□	⑥ Cに聞こえる	sound C

口頭チェックテスト **Sentences**

- □ ① 彼女は、まるで何でも知っているかのように話した。
  She talked as if she knew everything.
- □ ② 子供たちはあたかも何事もなかったように遊び続けた。
  The children kept playing as if nothing had happened.
- □ ③ それは古びたアナログ(analogue)録音かと思うくらい、本物らしく聞こえる。
  It sounds real as if it were an old-fashioned analogue recording.

PATTERN 39 「～だったらなあ」

和文英訳クイズ

日本語を参考にして、下の空所に適切な英語を書きなさい。

あなたと同じくらい頭が良ければなあ。

[　　　　　　　　　　　　　　　　] you.

「～だったらなあ」は **I wish ～ .** で表します。仮定法の表現なので、「～」が現在の話なら過去形、「～」が過去の話なら過去完了を使います。上のクイズでは、現在の話なので、**I wish I were** ～とします。**仮定法では was ではなくて were を使う**ことをおさえておきましょう。「あなたと同じくらい頭が良い」は、**as ～ as** …を使って、**as smart as you** とします。完成した英文は、**I wish I were as smart as you.** になります。続いて、**演習問題**に進みます。

演習問題

次の日本語を英語に直しなさい。

私は、何か自分にできることがあったらいいのになと思う。

「私は～があったらいいのになと思う」から、仮定法過去の I wish ～ . を使うと判断します。「何か自分にできることがあったら」から、there be 構文を使って、**there were something I could do** で完成です。**something I could do** は something that I could do の関係詞 that が省略された形です。まとめると、**I wish there were something I could do.** が正解です。続いて、**応用問題**に進みます。

応用問題

次の日本語を英語に直しなさい。

子供のときに、お父さんが、僕ともっと一緒に時間を過ごしてくれたらよかったのになあ。

「〜してくれたらよかったのになあ」から、**I wish 〜.** を使います。「子供のときに、お父さんが〜」と過去形なので、「〜」には過去完了を使って、**I wish my father had spent 〜** とします。「子供のときに、お父さんが、僕ともっと一緒に時間を過ごしてくれたら」から、**my father had spent more time with me as a child** とします。「子供のとき」は **as a child** で表すこともおさえておきましょう。完成した英文は、**I wish my father had spent more time with me as a child.** になります。

口頭チェックテスト **Words&Phrases**

□	① 〜だったらなあ	I wish 〜
□	② 頭が良い	smart
□	③ 子供のときに	as a child

口頭チェックテスト **Sentences**

□ ① あなたと同じくらい頭が良ければなあ。
I wish I were as smart as you.

□ ② 私は、何か自分にできることがあったらいいのになと思う。
I wish there were something I could do.

□ ③ 子供のときに、お父さんが、僕ともっと一緒に時間を過ごしてくれたらよかったのになあ。
I wish my father had spent more time with me as a child.

その

7

依頼・提案表現の章

PATTERN 40 「～してもらえますか？」

PATTERN 41 「～するのはどうですか？／（一緒に）～しませんか？」

相手への依頼や提案表現は、会話英作文で頻出になります。会話英作文も一部の大学で出題されるので、この章でしっかりと対策をしていきましょう。「～してもらえますか？」は相手への依頼表現で、**Could you ～ ?** を使います。「～するのはどうですか？」は相手への提案表現で、英語ではいくつか表現がありますが、**Why don’t you ～ ?** をおさえておきましょう。「（一緒に）～しませんか？」は勧誘表現で、**Why don’t we ～ ?** を使います。

PATTERN 40 「～してもらえますか?」

和文英訳クイズ

日本語を参考にして、下の空所に適切な英語を書きなさい。

一番近い郵便局への行き方を教えてもらえますか。

Could you [ ]?

「～してもらえますか」や「～していただけますか」は、**相手に依頼する表現**なので、「あなたは～してくれますか」と主語を補って、**Could you ～?** とします。Can you ～? でも間違いではないですが、**Could you ～? の方がより丁寧な表現**になります。「～への行き方を教えてもらえますか」は、実際に英会話でよく使いますが、**tell の第4文型**を使って、**Could you tell me the way to ～?** とします。「一番近い郵便局」は **the nearest post office** とします。完成した英文は、**Could you tell me the way to the nearest post office?** になります。続いて、**演習問題**に進みます。

演習問題

次の日本語を英語に直しなさい。

どこで両替することができるか教えていただけますか。

「～していただけますか」の表現なので、**Could you ～?** を使います。主語と目的語を補うと、「あなたは私に～を教えていただけますか」なので、**Could you tell me ～?** と tell の第4文型を使います。ちなみに、**teach は、人に知識や技術を教えるとき**に使い、**道を教えるような場合には tell** を使います。「**どこで両替することができるか**」は、両替するのが私なので、疑問詞の where を使って **where I can exchange money** とします。まとめると、**Could you tell me where I can exchange money?** が正解になります。続いて、**応用問題**に進みます。

応用問題

次の日本語を英語に直しなさい。

電話してスーツケースがどうなったのか調べる間、しばらくお待ちいただけますか。

この問題も「～していただけますか」なので、**Could you ～?** を使います。「～間、しばらくお待ちいただけますか」は、**while**「～**間**」を使って、**Could you please wait for a moment while ～?** とします。「電話してスーツケースがどうなったのか調べる」は、主語の I を補って、**I make a phone call to check what has happened to your suitcase** とします。to check は不定詞の副詞的用法の結果用法で、what は疑問詞の what です。まとめると、**Could you please wait for a moment while I make a phone call to check what has happened to your suitcase?** が正解になります。

口頭チェックテスト Words&Phrases

□	① ～への行き方を教えてもらえますか	Could you tell me the way to ～?
□	② 郵便局	post office
□	③ 両替する	exchange money
□	④ ～がどうなったのか	what has happened to ～
□	⑤ しばらく待つ	wait for a moment

口頭チェックテスト Sentences

□	① 一番近い郵便局への行き方を教えてもらえますか。 Could you tell me the way to the nearest post office?
□	② どこで両替することができるか教えていただけますか。 Could you tell me where I can exchange money?
□	③ 電話してスーツケースがどうなったのか調べる間、しばらくお待ちいただけますか。 Could you please wait for a moment while I make a phone call to check what has happened to your suitcase?

PATTERN 41 「～するのはどうですか？／（一緒に）～しませんか？」

和文英訳クイズ1

日本語を参考にして、下の空所に適切な英語を書きなさい。

それなら彼女とは離婚したらどうですか？

So, [ ] her?

「～したらどうですか」と相手への提案をする時は、**Why don't you ～ ?** を使います。「～したらどうですか」は厳密には「あなたは～したらどうですか」なので、you を使うとわかるでしょう。直訳すると「なぜあなたは～しないの」＝「～してはどうですか」と相手への提案になることをおさえておきましょう。上のクイズでは、**divorce**「～と離婚する」を使って、**So, why don't you divorce her?** とするのが正解です。続いて、**演習問題**に進みます。

演習問題1

次の日本語を英語に直しなさい。

大きな家を買ったり、ヨーロッパ旅行に行ったりするのはどうかしら？

「～するのはどうかしら？」と相手への提案表現なので、**Why don't you ～ ?** を使います。「大きな家を買ったり、ヨーロッパ旅行に行ったりする」は、**buy a big house or travel to Europe** とします。まとめると、**Why don't you buy a big house or travel to Europe?** が正解になります。続いて、**応用問題**に進みます。

応用問題1

次の日本語を英語に直しなさい。

金曜の夜、ジェーンと一緒に食事に行くんだけど、一緒に来ない？

「一緒に来ない?」という相手への提案表現なので、**Why don't you ～?** を使って、**Why don't you come with us?** とします。主語を補うと、文の骨格は「私は金曜の夜、ジェーンと一緒に食事に行く」なので dinner「夕食」を食べに行くと類推して、**I will go to dinner with Jane on Friday night** とします。通常の「夜」は at night で表すのに対して、Friday night のように**曜日で特定された夜や朝は、on を使う**ことをおさえておきましょう。まとめると、**I will go to dinner with Jane on Friday night. Why don't you come with us?** が正解になります。続いて、2つ目の和文英訳クイズに進みます。

和文英訳クイズ 2

日本語を参考にして、下の空所に適切な英語を書きなさい。

来週の土曜日、夕食でもどうですか?

Why [ ]?

「夕食でもどうですか?」は話し手と聞き手の2人で行く状況が想定できるので、今までの「～したらどうですか?」の提案表現と異なり、**相手を誘う勧誘表現**と判断します。話し手と聞き手の2人で行く想定なので we を使って、**Why don't we ～?**「一緒に～しませんか」を使います。「夕食を食べる」は eat dinner でも良いですが、**eat はストレートなので、婉曲的で上品な表現にするには have を使って表現**します。まとめると、**Why don't we have dinner next Saturday?** とします。次の**応用問題**に進みます。

応用問題 2

次の日本語を英語に直しなさい。

その後、もし時間があれば、ほとんどの人が知らない隠れた場所に行きましょう。

「～に行きましょう」なので、Let's でも良いですが、より丁寧な **Why don't we ～?** を使います。「ほとんどの人が知らない隠れた場所に行く」なので、**go to a hidden place which most people don't know** とします。「その後、もし時間があれば」は if を使って、**If we have some time after that,** とします。まとめると、**If we have some time after that, why don't we go to a hidden place which most people don't know?** が正解になります。

口頭チェックテスト Words&Phrases

□	① ～と離婚する	divorce
□	② ～したらどうですか？	Why don't you ～？
□	③ （一緒に）～しませんか？	Why don't we ～？
□	④ 隠れた	hidden

口頭チェックテスト Sentences

□ ① それなら彼女とは離婚したらどうですか？
So, why don't you divorce her?

□ ② 大きな家を買ったり、ヨーロッパ旅行に行ったりするのはどうかしら？
Why don't you buy a big house or travel to Europe?

□ ③ 金曜の夜、ジェーンと一緒に食事に行くんだけど、一緒に来ない？
I will go to dinner with Jane on Friday night. Why don't you come with us?

□ ④ 来週の土曜日、夕食でもどうですか。
Why don't we have dinner next Saturday?

□ ⑤ その後、もし時間があれば、ほとんどの人が知らない隠れた場所に行きましょう。
If we have some time after that, why don't we go to a hidden place which most people don't know?

その

8

時制の章

PATTERN 42「～してきた」

PATTERN 43「～するところだ」

PATTERN 44「～する予定だ」

文の時制を判断することはとても重要になります。例えば文脈によりますが、「～してきた」という日本語は、過去から現在へのつながりを意味することが多いので、現在完了を使うことが多くなります。また、「～するところだ」は **be about to *do*** を使いましょう。「～する予定だ」は、私的な表現は **be going to *do*** を使って、公的な表現は **be scheduled to *do*** を使えるようにしましょう。

PATTERN 42 「～してきた」

和文英訳クイズ

日本語を参考にして、下の空所に適切な英語を書きなさい。

兄を見送りに空港へ行ってきたところです。

I have just [　　　　　　　　　　　　　　　　　　].

日本語の「～してきた（ところだ）」のような表現は、英語では現在完了を使うことが多くなります。**現在完了**は、**過去に起きたことが現在に影響を与える**内容ですが、「～してきた」は、過去に何かをして今に至るという現在完了の結果用法に相当することが多くなります。**have gone to** は「行ってしまった（もうここにはいない）」で、**have been to** は「行ってきたところだ（今ここにいる）」なので、このクイズでは **have been to** を使います。

和文英訳POINT14　「～に行った」の使い分け

□	～に行ったことがある	have been to ～ ／ have gone to ～
□	～に行ってしまった（今ここにいない）	have gone to ～
□	～行ってきたところだ（今ここにいる）	have been to ～

have been to と have gone to の使い分けを紹介します。「～したことがある」という経験用法では、**have been to はもちろんのこと have gone to も北米などで使います。have been to** と **have gone to** の違いは、前者が「**行ってきて今ここにいる**」、後者が「**行ってしまって今ここにいない**」という使い分けがあるので、おさえておきましょう。

続いて「兄を見送りに」は、不定詞の副詞的用法と **see ～ off**「～を見送る」を使って、**to see my brother off** とします。 off が副詞なので、「見送る」の意味では目的語を see と off で挟む語順になることに注意しましょう。まとめると、**I have just been to the airport to see my brother off.** が正解になります。**演習問題**に進みます。

演習問題

次の日本語を英語に直しなさい。

五重塔(five-story pagoda)の美しさは長い間人々に感銘を与えてきた。

文の主語である「五重塔の美しさ」は **The beauty of the five-story pagoda ～.** とします。「長い間人々に感銘を与えてきた」から、現在完了の継続用法を使います。継続用法では進行形にするのが普通なので、**has been impressing people for a long time** としましょう。まとめると、**The beauty of the five-story pagoda has been impressing people for a long time.** が正解になります。続いて、**応用問題**に進みます。

応用問題

次の日本語を英語に直しなさい。

ひと月以上もこのプロジェクトに取り組んできたのだから、完成させた方がいいよ。

まずは主語を補います。この文は相手に呼びかけるような文脈なので、You を主語にします。「このプロジェクトに取り組んできた」から、**work on** ～「～に取り組む」を使って、現在完了にします。継続用法なので進行形にして、**You have been working on this project** とします。「ひと月以上も」は **for over a month** として、「～だから」には **so** を使います。「完成させた方がいいよ」は、**should** を使って、**You should complete it.** としましょう。まとめると、**You have been working on this project for over a month, so you should complete it.** が正解になります。

口頭チェックテスト Words&Phrases

□	① ～を見送る	see ～ off
□	② 空港	airport
□	③ ～に行ってきたところだ	have been to ～
□	④ 美しさ	beauty
□	⑤ 感銘を与える	impress
□	⑥ ～に取り組む	work on ～
□	⑦ 完成させる	complete

口頭チェックテスト Sentences

□	① 兄を見送りに空港へ行ってきたところです。 I have just been to the airport to see my brother off.
□	② 五重塔（five-story pagoda）の美しさは長い間人々に感銘を与えてきた。 The beauty of the five-story pagoda has been impressing people for a long time.
□	③ ひと月以上もこのプロジェクトに取り組んできたのだから、完成させた方がいいよ。 You have been working on this project for over a month, so you should complete it.

PATTERN 43 「～するところだ」

和文英訳クイズ

日本語を参考にして、下の空所に適切な英語を書きなさい。

彼は仕事の面接を受けるところだった。

He [ ] for a job.

「～するところだ」という差し迫った未来を表す表現は、**be about to *do*** を使います。「面接を受ける」は、**take an interview** で表すので、**He was about to take an interview for a job.** が完成した英文になります。続いて、**演習問題**に進みます。

演習問題

次の日本語を英語に直しなさい。

その本を見つけたときには、図書館はもう閉まるところだった。

「図書館はもう閉まるところだった」から、**be about to *do***「～するところだ」を使って、**the library was about to close** とします。「その本を見つけたときには」は、主語の I を補って、when ～を使って **When I found the book** とします。まとめると、**When I found the book, the library was about to close.** が正解になります。続いて、**応用問題**に進みます。

応用問題

次の日本語を英語に直しなさい。

閉店間際なので、スーパーではパンは売り切れているかもしれないと心配したが、運良く、まだ一斤残っていた。

文の骨格は、主語を補うと、「私は～と心配したが」になります。「～」に SV の文構造があるので、be worried about ではなく、**be worried that** を使って、**I was worried that ～ .** とします。「閉店間際なので」を「スーパーが閉店するところだったので」と読み換えて、**be about to *do*** を使って、**because the supermarket was about to close** とします。「パンは売り切れているかもしれない」は、**be sold out**「売り切れている」を使って、**bread might be sold out** とします。「運良く、まだ一斤残っていた」は、**fortunately, there was a loaf of bread left**. とします。bread「パン」は不可算名詞で、「一斤」と数えるときは、a loaf of ～を使います。

　まとめると、**I was worried that because the supermarket was about to close, bread might be sold out, but fortunately, there was a loaf of bread left.** が正解になります。

口頭チェックテスト　Words&Phrases

□	① ～するところだ	be about to *do*
□	② 面接を受ける	take an interview
□	③ 売り切れる	sold out
□	④ パン一斤	a loaf of bread

口頭チェックテスト　Sentences

□	① 彼は仕事の面接を受けるところだった。 He was about to take an interview for a job.
□	② その本を見つけたときには、図書館はもう閉まるところだった。 When I found the book, the library was about to close.
□	③ 閉店間際なので、スーパーではパンは売り切れているかもしれないと心配したが、運良く、まだ一斤残っていた。 I was worried that because the supermarket was about to close, bread might be sold out, but fortunately, there was a loaf of bread left.

PATTERN 44 「～する予定だ」

和文英訳クイズ

日本語を参考にして、下の空所に適切な英語を書きなさい。

毎朝、ホテルで朝食をとる予定です。

I [ ] every morning.

英語では「～する予定だ」を意味する表現がいくつかありますが、上のクイズのように、個人の予定などは **be going to *do***「～するつもりだ」を使えば十分になります。よって、**I am going to have breakfast in the hotel every morning.** とします。breakfast は通常無冠詞で使い、修飾語が付く場合は、どんな朝食かをイメージできるので、冠詞を使います。「朝食をたくさん食べる」なら、**have a big breakfast** として、「軽く朝食を食べる」なら、**have a light breakfast** とするので、おさえておきましょう。続いて、**演習問題**に進みます。

演習問題

次の日本語を英語に直しなさい。

電車は東京駅を午前10時に出発するはずだった。

個人的な予定は be going to *do* で十分ですが、本問のような電車の発車予定や、飛行機のフライトの予定、イベントの実施予定などの公的な予定は **be scheduled to *do***「～する予定だ」を使います。この問題は、電車の出発予定を表すので、**be scheduled to *do*** を使って、**The train was scheduled to leave Tokyo Station at 10 a.m.** が正解になります。ちなみに具体的な駅名には冠詞を付けずに、**Tokyo Station** とするので、おさえておきましょう。続いて、**応用問題**に進みます。

応用問題

次の日本語を英語に直しなさい。

来春公開予定のその映画は、シェイクスピア(Shakespeare)の劇に基づいています。

文の骨格は、「～のその映画は、…に基づいています」なので、**be based on** を使って、**The movie ～ is based on ….** とします。「～」には「来春公開予定」が入ります。個人ではなく公的な予定なので **be scheduled to *do*** を過去分詞で使って、**The movie scheduled to be released next spring** とします。「(映画が) 公開される」は **be released** を使いましょう。「…」には、「シェイクスピアの劇」**Shakespeare's play** が入るので、**The movie scheduled to be released next spring is based on Shakespeare's play.** が正解になります。

口頭チェックテスト Words&Phrases

□	① (個人的な) ～する予定だ	be going to *do*
□	② (公的な) ～する予定だ	be scheduled to *do*
□	③ 朝食をとる	have breakfast
□	④ 東京駅	Tokyo Station
□	⑤ (映画が) 公開される	be released
□	⑥ 劇	play
□	⑦ ～に基づいている	be based on ～

口頭チェックテスト Sentences

□	① 毎朝、ホテルで朝食をとる予定です。
	I am going to have breakfast in the hotel every morning.
□	② 電車は東京駅を午前10時に出発するはずだった。
	The train was scheduled to leave Tokyo Station at 10 a.m.
□	③ 来春公開予定のその映画は、シェイクスピア (Shakespeare) の劇に基づいています。
	The movie scheduled to be released next spring is based on Shakespeare's play.

その

9

動詞＋αの章

PATTERN 45「〜ようだ」

PATTERN 46「〜しがちだ」

PATTERN 47「〜することにした」

PATTERN 48「〜したかもしれない」

PATTERN 49「〜すべきだった」

PATTERN 50「〜とは限らない」

PATTERN 51「〜わけではない」

PATTERN 52「〜することになっている」

PATTERN 53「必ず〜する」

動詞にプラスαの修飾表現が付いているパターンを扱います。「〜ようだ」と推測を表す表現では **seem to *do*** を使い、「〜しがちだ」では **tend to *do*** を使います。さらに、「〜したかもしれない」や「〜すべきだったのに」では、**助動詞＋have p.p.** を使います。
続いて、「〜とは限らない」、「〜わけではない」では**部分否定**を使いましょう。「〜することになっている」では予定や義務を表す **be supposed to *do*** を使います。

PATTERN 45 「～ようだ」

和文英訳クイズ

日本語を参考にして、下の空所に適切な英語を書きなさい。

彼女はその点で間違いを犯したようだ。

She [ ] on that point.

「**～ようだ**」を英語にする際には、**seem to *do***「～するように思える」を使います。上のクイズのように、「間違いを犯した」と「～ようだ」の時制がずれる場合は、完了不定詞を使うので、**She seemed to have made a mistake on that point.** とします。「間違いを犯す」は **make a mistake** とすることもおさえておきましょう。続いて、**演習問題**に進みます。

演習問題

次の日本語を英語に直しなさい。

あなた達は2人とも、このことについてしっかりした意見を持っているようだね。

文の骨格は、「あなた達は2人とも～ようだね」から、**seem to *do*** を使って、**Both of you seem to *do*** とします。「このことについてしっかりした意見を持っている」から、**have a sound opinion about this matter** とします。「しっかりした」は opinion や idea に対して使う際には、sound で表すことをおさえておきましょう。まとめると、**Both of you seem to have a sound opinion about this matter.** が正解になります。続いて、**応用問題**に進みます。

応用問題1

次の日本語を英語に直しなさい。

二人の間には何か誤解があったようだ。

「～ようだ」から、**seem to *do*** を使います。「～がある」なので、There be 構文を使って、**There seemed to be ～.** とします。「二人の間には何か誤解」から、**some**

misunderstanding between the two とします。完成した英文は、**There seemed to be some misunderstanding between the two.** が正解です。次の**応用問題**に進みます。

応用問題 2

次の日本語を英語に直しなさい。

あの犬、私たちが何を話しているのか分かっているみたいだね。

「～みたいだね」は今まで学習した「～ようだ」に近いですが、「(様子・見た目が) ～のように見える」と読み換えられるときは、**look like** を使います。この問題でも、「あの犬、～のように見える」と読み換えられるので、**That dog looks like ～ .** とします。「私たちが何を話しているのか分かっている」から、「～」には名詞、それから SV の文構造を続けることも可能なので、**it (= a dog) understands what we are talking about** とします。まとめると、**That dog looks like it understands what we are talking about.** が正解です。

口頭チェックテスト Words&Phrases

□	① ～ようだ	seem to *do*
□	② 間違いを犯す	make a mistake
□	③ しっかりした意見を持つ	have a sound opinion
□	④ 誤解	misunderstanding
□	⑤ ～のように見える	look like ～

口頭チェックテスト Sentences

□	① 彼女はその点で間違いを犯したようだ。 She seemed to have made a mistake on that point.
□	② あなた達は2人とも、このことについてしっかりした意見を持っているようだね。 Both of you seem to have a sound opinion about this matter.
□	③ 二人の間には何か誤解があったようだ。 There seemed to be some misunderstanding between the two.
□	④ あの犬、私たちが何を話しているのか分かっているみたいだね。 That dog looks like it understands what we are talking about.

PATTERN 46 「～しがちだ」

和文英訳クイズ

日本語を参考に、下線部を適切な英語に直し、空所に書きなさい。

フランス人は自分の知らない人を無視する傾向にあるが、この小さなレストランでは、知らない人同士が1～2時間親密にくつろげた。

The French [ ], but ….

「～する傾向にある」は **tend to *do*** で表すので、**The French tend to ignore ～ .** とします。「自分の知らない人」は「**S が V する 名詞** 」なので、名詞 ＋**SV** の語順に転換して、**people they do not know** とします。まとめると、**The French tend to ignore people they do not know** となります。「～人」はすぐに思い出せるようにしておくと便利なので、以下にまとめます。

和文英訳POINT15 「～人」・国名の使い分け

	「～人」			国名	
□	フランス人	the French	□	フランス	France
□	イギリス人	the British	□	イギリス	the U.K.
□	オランダ人	the Dutch	□	オランダ	the Netherlands
□	アメリカ人	the Americans	□	アメリカ	the U.S.
□	日本人	the Japanese	□	日本	Japan

「～人」と国名は、代表的なものでも案外出てきづらいものなので、ここで整理します。「～人」は、the＋形容詞 で表して、**the French**、**the British**、**the Dutch**、**the Americans**、**the Japanese** で表します。国名は、イギリスとアメリカが頭文字を使って、**the U.K.**、**the U.S.** とします。それぞれ、**the United Kingdom**、**the United States of America** の略になります。アメリカは the U.S.A. としても良いですが、the U.S. の表記が一般的なようです。フランスと日本はそのままで、**France**、**Japan** とします。続いて、**演習問題**に進みます。

演習問題

次の日本語を英語に直しなさい。

英語によるコミュニケーションの成功は、話し手の観点から評価されがちだ。

文の骨格は、「～は、…評価されがちだ」で、「～しがちだ」は「～する傾向にある」と同じなので **tend to *do*** を使います。かつ「英語によるコミュニケーションの成功」は success を使うと前置詞句が多くなるので、「英語での成功するコミュニケーション」と読み換えて、**Successful communication in English** とします。「話し手の観点から評価されがちだ」は、**from the viewpoint of** ～「～の観点から」を使って、**be measured from the viewpoint of the speaker** とします。まとめると、**Successful communication in English tends to be measured from the viewpoint of the speaker.** が正解になります。続いて、**応用問題**に進みます。

応用問題

次の日本語を英語に直しなさい。

国際化の時代に生きる私たちは、英語の流暢さと国際的な視野の広がりを、誤って同一視しがちである。

文の骨格は、「～私たちは、…しがちである」なので、**tend to *do*** を使って、**We** ～ **tend to *do*** …. とします。「～私たち」は、**we のような人称代名詞は関係詞節で修飾しない**ので、通常の語順で処理して、**We live in a globalized age, and tend to *do*** ～. とします。「英語の流暢さと国際的な視野の広がりを、誤って同一視し」は、**identify A with B**「A を B と同一視する」を使って、**mistakenly identify fluency in English with the broadening of our international horizons** とします。「国際的な視野の広がり」は「国際的に視野を広げること」と読み換えて、**broadening of *one's* horizons**「～の視野を広げる」と動名詞にします。まとめると、**We live in a globalized age, and tend to mistakenly identify fluency in English with the broadening of our international horizons.** が正解になります。

口頭チェックテスト Words&Phrases

☐	① ～する傾向にある	tend to *do*
☐	② 無視する	ignore
☐	③ ～の観点から	from the viewpoint of ～
☐	④ 国際化の	globalized
☐	⑤ 時代	age
☐	⑥ 流暢さ	fluency
☐	⑦ 視野を広げる	broaden *one's* horizons
☐	⑧ 誤って	mistakenly
☐	⑨ AとBを同一視する	identify A with B

口頭チェックテスト Sentences

☐ ① フランス人は自分の知らない人を無視する傾向にある（が、…）

The French tend to ignore people they do not know(, but…)

☐ ② 英語によるコミュニケーションの成功は、話し手の観点から評価されがちだ。

Successful communication in English tends to be measured from the viewpoint of the speaker.

☐ ③ 国際化の時代に生きる私たちは、英語の流暢さと国際的な視野の広がりを、誤って同一視しがちである。

We live in a globalized age, and tend to mistakenly identify fluency in English with the broadening of our international horizons.

その9 ― 動詞＋αの章

PATTERN 47 「～することにした」

和文英訳クイズ

日本語を参考にして、下の空所に適切な英語を書きなさい。

私たちはその場所に定住することにした。

We [ ] in the place.

「～することにした」とは、「～することに決めた」と理解して **decided to *do*** で表します。「定住する」は **settle** を使うので、空所には **decided to settle** が入ります。完成した英文は、**We decided to settle in the place.** になります。続いて、**演習問題**に進みます。

演習問題

次の日本語を英語に直しなさい。

天気がよくなってきたので、出かけることにした。

主語の I を補って、「出かけることにした」から **decide to *do*** を使って、**I decided to go out ～.** とします。「天気がよくなってきたので」は because を使って、**because the weather was getting better** とします。まとめると、**I decided to go out because the weather was getting better.** が正解になります。続いて、**応用問題**に進みます。

応用問題

次の日本語を英語に直しなさい。

まだ夜と言うには早い時間だったため、友人たちと車で帰らず、レストランから家まで歩くことにした。

「まだ夜と言うには早い時間だったため」は「まだ夜になる前の時間だったので」と読み換えて、弱めの【理由】なので as を使って、**As there was still time before nighttime, ～**

とします。「友人たちと車で帰らず、レストランから家まで歩くことにした」は、主語の I を補って、**decide to *do*** を使って、**I decided to walk home from the restaurant ～ .** とします。「友人たちと車で帰らず」は、「友人たちと車で帰るよりも」と考えて **B rather than A**「A というよりむしろ B」を使って、**rather than drive home with my friends** とします。まとめると、**As there was still time before nighttime, I decided to walk home from the restaurant rather than drive home with my friends.** が正解です。

口頭チェックテスト　Words&Phrases

□	① ～することにした	decided to *do*
□	② 定住する	settle
□	③ A というよりむしろ B	B rather than A

口頭チェックテスト　Sentences

□	① 私たちはその場所に定住することにした。 We decided to settle in the place.
□	② 天気がよくなってきたので、出かけることにした。 I decided to go out because the weather was getting better.
□	③ まだ夜と言うには早い時間だったため、友人たちと車で帰らず、レストランから家まで歩くことにした。 As there was still time before nighttime, I decided to walk home from the restaurant rather than drive home with my friends.

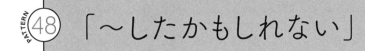

PATTERN 48 「〜したかもしれない」

和文英訳クイズ

日本語を参考にして、下の空所に適切な英語を書きなさい。

彼らは、1000年前に存在していたかもしれない。

They [ ] 1,000 years ago.

「〜したかもしれない」は、**may have p.p.** で表します。「存在していたかもしれない」は、**may have existed** で表します。完成した英文は、**They may have existed 1,000 years ago.** になります。続いて、**演習問題**に進みます。

演習問題

次の日本語を英語に直しなさい。

とても素晴らしい国だったから、残りの人生をそこで過ごしていたかもしれないね。

「とても素晴らしい国だったから」は**【理由】の as** を使って、**As it was a very wonderful country** とします。「過ごしていたかもしれないね」は、**may have p.p.** を使います。主語の I を補って、**I may have spent** 〜 **.** とします。「残りの人生をそこで過ごしていた」は、**spent there for the rest of my life** となります。まとめると、**As it was a very wonderful country, I may have spent there for the rest of my life.** が正解になります。続いて、**応用問題**に進みます。

応用問題

次の日本語を英語に直しなさい。

人々は学問といえば、いわゆる「読み書き」のことと思い込み、自分の目で「見る」ということ──その生身の体験がもたらす豊饒（ほうじょう）な世界を忘れてしまったのかもしれません。

最初の文の骨格は、「人々は〜と思い込み」なので、**People assume that** 〜 **.** とします。「学問といえば、いわゆる『読み書き』のこと」は、**so-called**「いわゆる」を使って、**studying means so-called reading and writing** とします。次の文の骨格は主語を補うと、「彼らは〜を忘れてしまったのかもしれません」から、**may have p.p.** を使って、**They may have forgotten 〜 .** とします。

目的語は「自分の目で『見る』ということ──その生身の体験がもたらす豊饒な世界」なので、まずは「体験がもたらす豊饒な世界」を **the rich world of experience** と表します。「その生身の（体験）」は、「自分の目で見てもたらされた」と解釈して、**brought to them with their own eyes** を用いて後ろから修飾すると自然な英語になります。まとめると、**People assume that studying means so-called reading and writing. They may have forgotten the rich world of experience brought to them with their own eyes.** が正解になります。

口頭チェックテスト Words&Phrases

□	① 〜したかもしれない	may have p.p.
□	② 存在する	exist
□	③ 残りの〜	the rest of 〜
□	④ 学問	studying
□	⑤ いわゆる	so-called
□	⑥ 思い込む	assume
□	⑦ 体験	experience

口頭チェックテスト Sentences

□	① 彼らは、1000年前に存在していたかもしれない。 They may have existed 1,000 years ago.
□	② とても素晴らしい国だったから、残りの人生をそこで過ごしていたかもしれないね。 As it was a very wonderful country, I may have spent there for the rest of my life.
□	③ 人々は学問といえば、いわゆる「読み書き」のことと思い込み、自分の目で「見る」ということ──その生身の体験がもたらす豊饒な世界を忘れてしまったのかもしれません。 People assume that studying means so-called reading and writing. They may have forgotten the rich world of experience brought to them with their own eyes.

PATTERN 49 「～すべきだった」

和文英訳クイズ

日本語を参考にして、下の空所に適切な英語を書きなさい。

政府はその薬を認可すべきではなかった。

[   ] the drug.

「～すべきではなかった」は、**should have p.p.**「～すべきだった」を否定形にした **should not have p.p.** を使います。「～を認可する」は **approve of** ～を使って、**The government should not have approved of the drug.** が完成した英文になります。続いて、**演習問題**に進みます。

演習問題

次の日本語を英語に直しなさい。

私は辞書を持ってくるべきでした。

「～持ってくるべきでした」は、**should have p.p.** を使って、**should have brought** とします。「私は辞書を持ってくるべきでした」は、**I should have brought my dictionary.** としましょう。続いて、**応用問題**に進みます。

応用問題

次の日本語を英語に直しなさい。

理科の試験のために、もっとしっかり勉強しておくべきでした。

主語を補うと文の骨格は「私は～勉強しておくべきでした」から、**should have p.p.** を使って、**I should have studied** とします。「理科の試験のために、もっとしっかり」を加えて、**I should have studied much harder for the science test.** が正解になります。**助動詞＋**

have p.p. の表現をまとめます。日本語を見て、この助動詞＋have p.p. を使うと判断できるようにしておきましょう。

和文英訳POINT16　助動詞＋have p.p.

□	～したかもしれない	may have p.p.
□	～したにちがいない	must have p.p.
□	～したはずがない	cannot have p.p.
□	～すべきだった	should have p.p.
□	～すべきではなかった	should not have p.p.
□	～したはずだ	should have p.p.

口頭チェックテスト　Words&Phrases

□	① 政府	government
□	② ～を認可する	approve of ～
□	③ ～すべきではなかった	should not have p.p.
□	④ ～すべきだった	should have p.p.
□	⑤ 辞書	dictionary
□	⑥ 持ってくる	bring
□	⑦ 理科	science

口頭チェックテスト　Sentences

□	① 政府はその薬を認可すべきではなかった。 The government should not have approved of the drug.
□	② 私は辞書を持ってくるべきでした。 I should have brought my dictionary.
□	③ 理科の試験のために、もっとしっかり勉強しておくべきでした。 I should have studied much harder for the science test.

PATTERN 50 「～とは限らない」

和文英訳クイズ

日本語を参考にして、下の空所に適切な英語を書きなさい。

お金をたくさん持つことが、必ずしも幸福を約束するとは限りません。

[　　　　　　　] does [　　　　　　　　] ensure happiness.

「お金をたくさん持つこと」は、主語もないので**動名詞**を使って、**Having a lot of money** とします。「必ずしも幸福を約束するとは限りません」は、部分否定の **not necessarily**「必ずしも～とは限らない」を使って、**does not necessarily ensure happiness** とするので、後の空所には **not necessarily** が入ります。完成した英文は、**Having a lot of money does not necessarily ensure happiness.** になります。なお、ここでの「約束」は、人が誰かにする約束ではなくて、物事が何かを「保証する」という文脈なので、promise ではなくて ensure を使います。**部分否定の「～とは限らない」**をまとめます。

和文英訳POINT17　**部分否定の「～とは限らない」**

□	必ずしも～とは限らない	not necessarily
□	いつも～とは限らない	not always
□	みんなが～とは限らない	not everybody
□	すべての[名詞]が～とは限らない	not all+[名詞] ～

上のクイズで登場した「必ずしも～とは限らない」は、**not necessarily** で表します。「いつも～とは限らない」は **not always** で、「みんなが～とは限らない」は **not everybody** で表します。「すべての[名詞]が～とは限らない」は **not all＋[名詞]** ～で表します。例えば「すべての人が早起きとは限らない」なら、**Not all people get up early in the morning.** とします。続いて、**演習問題**に進みます。

演習問題

次の日本語を英語に直しなさい。

しかし、得た情報が必ずしも正しいとは限らないことも確かだ。

文の骨格は「～ことも確かだ」から、**it is true that ～ .**「～は確かだ」とします。「得た情報」は、主語を一般総称の you で補って、「あなたが得た情報」とします。「S が V する 名詞 」になるので、名詞 +SV の語順にして、**the information you get** とします。「得た情報が必ずしも正しいとは限らない」は、**not necessarily**「必ずしも～とは限らない」を使って、**the information you get is not necessarily right** とします。まとめると、**However, it is true that the information you get is not necessarily right.** が正解です。続いて、**応用問題**に進みます。

応用問題

次の日本語を英語に直しなさい。

あなたの言葉は必ずしもあなたの思い通りに理解されるとは限らないのだから、何を言うかだけではなくどう言うかについても注意する必要がある。

「あなたの言葉は～だから、…注意する必要がある」から、文の骨格は、**Because your words ～ , you need to be careful of ….** とします。「あなたの言葉は必ずしも～に理解されるとは限らない」から、**not necessarily**「必ずしも～とは限らない」を使って、**your words are not necessarily understood** ～とします。「あなたの思い通りに」は、**【様態】の as**「～ように」を使って、**as you expect** とします。

続いて、「何を言うかだけではなくどう言うかについても注意する必要がある」は、**not only A but also B**「A だけでなく B も」を使って、**you need to be careful of not only what you say but also how you say it** とします。まとめると、**Because your words are not necessarily understood as you expect, you need to be careful of not only what you say but also how you say it.** が正解になります。

口頭チェックテスト Words&Phrases

□	① 必ずしも～とは限らない	not necessarily
□	② 幸福	happiness
□	③ ～を約束する	ensure
□	④ ～は確かだ	it is true that ～
□	⑤ 情報	information
□	⑥ 正しい	right
□	⑦ あなたの思い通りに	as you expect
□	⑧ 注意する	be careful

口頭チェックテスト Sentences

□ ① お金をたくさん持つことが、必ずしも幸福を約束するとは限りません。

Having a lot of money does not necessarily ensure happiness.

□ ② しかし、得た情報が必ずしも正しいとは限らないことも確かだ。

However, it is true that the information you get is not necessarily right.

□ ③ あなたの言葉は必ずしもあなたの思い通りに理解されるとは限らないのだから、何を言うかだけではなくどう言うかについても注意する必要がある。

Because your words are not necessarily understood as you expect, you need to be careful of not only what you say but also how you say it.

PATTERN 51 「～わけではない」

和文英訳クイズ

日本語を参考にして、下の空所に適切な英語を書きなさい。

すべての人が自分の将来について心配しているわけではない。

[ ] his or her future.

「すべての人が～わけではない」から、**部分否定の not everyone** を使います。「自分の将来について心配している」から、**be worried about** ～「～について心配している」を使います。**everyone は単数扱い**なので、**is worried about his or her future** とします。**everyone の代名詞は、男性か女性かわからないので he or she で表す**ことをおさえておきましょう。完成した英文は、**Not everyone is worried about his or her future.** になります。続いて、**演習問題**に進みます。

演習問題

次の日本語を英語に直しなさい。

日本とは違い、どこの飲食店でも自動的に無料の水を提供してくれるわけではない。

「日本とは違い」は「日本の中と違って」と読み換えられるので、**unlike**「～と違って」を使って **unlike in Japan** とします。「どこの飲食店でも～わけではない」から、部分否定の **not all**＋**名詞**～「すべての 名詞 が～わけではない」を使って、**not all restaurants** ～**.** とします。「自動的に無料の水を提供してくれる」から、「～」は **offer free water automatically** とします。まとめると、**Unlike in Japan, not all restaurants offer free water automatically.** が正解です。続いて、**応用問題**に進みます。

応用問題

次の日本語を英語に直しなさい。

実際にすべての人が結婚していたわけではないが、その当時は、結婚していない人の割合が少なかった。

「すべての人が結婚していたわけではない」は、**部分否定の not all** を使って、**not all people were married** とします。続いて、「その当時は、結婚していない人の割合が少なかった」から、**in those days, the percentage of unmarried people was small.** とします。まとめると、**In fact, not all people were married, but in those days, the percentage of unmarried people was small.** が正解です。PATTERN 50と共に、「〜とは限らない」、「〜わけではない」は部分否定を使うことをおさえておきましょう。

口頭チェックテスト Words&Phrases

□	① すべての[名詞]が〜わけではない	Not all+[名詞] 〜.
□	② 〜について心配している	be worried about 〜
□	③ 〜とは違って	unlike
□	④ 飲食店	restaurant
□	⑤ 自動的に	automatically
□	⑥ 無料の	free
□	⑦ 提供する	offer
□	⑧ 結婚している	be married
□	⑨ その当時は	in those days
□	⑩ 結婚していない人	unmarried people
□	⑪ 割合	percentage

口頭チェックテスト　Sentences

- ① すべての人が自分の将来について心配しているわけではない。
  Not everyone is worried about his or her future.
- ② 日本とは違い、どこの飲食店でも自動的に無料の水を提供してくれるわけではない。
  Unlike in Japan, not all restaurants offer free water automatically.
- ③ 実際にすべての人が結婚していたわけではないが、その当時は、結婚していない人の割合が少なかった。
  In fact, not all people were married, but in those days, the percentage of unmarried people was small.

PATTERN 52「～することになっている」

和文英訳クイズ

日本語を参考にして、下の空所に適切な英語を書きなさい。

私は今日の午後プレゼンテーションをすることになっています。

I am [ ].

「～することになっている」という予定を表す表現は、**be supposed to *do*** で表します。「プレゼンテーションをする」は、**give a presentation** で表すので、**I am supposed to give a presentation this evening.** が完成した英文になります。続いて、**演習問題**に進みます。

演習問題

次の日本語を英語に直しなさい。

私たちは20分前に会うはずだった。

「～するはずだった」は、**be supposed to *do*** を過去形にした「～することになっていた」と同義なので、これで表現します。「私たちは２０分前に会うはずだった」なので、**We were supposed to meet twenty minutes ago.** が正解になります。続いて、**応用問題**に進みます。

応用問題

次の日本語を英語に直しなさい。

それは人によってそれぞれだけど、ネックレスは翌日に外すことになっているんだ。

「人によってそれぞれ」は、「人によって左右される」と読み換えて、**depend on** ～「～に左右される」を使って、**It depends on the person ～.** とします。続いて、「ネックレスは翌日に外すことになっているんだ」は **be supposed to *do*、総称の you、take off**「外す」

を使って、**you are supposed to take off your necklace the next day** とします。まとめると、**It depends on the person, but you are supposed to take off your necklace the next day.** が正解になります。

口頭チェックテスト　Words&Phrases

□	① 〜することになっている	be supposed to *do*
□	② プレゼンテーションをする	give a presentation
□	③ 〜によって左右される	depend on 〜
□	④ 外す	take off

口頭チェックテスト　Sentences

□ ① 私は今日の午後プレゼンテーションをすることになっています。
I am supposed to give a presentation this evening.

□ ② 私たちは２０分前に会うはずだった。
We were supposed to meet twenty minutes ago.

□ ③ それは人によってそれぞれだけど、ネックレスは翌日に外すことになっているんだ。
It depends on the person, but you are supposed to take off your necklace the next day.

PATTERN 53 「必ず〜する」

和文英訳クイズ

日本語を参考にして、下の空所に適切な英語を書きなさい。

明日出かけるときに、必ずこの手紙を出して下さい。
Don't [　　　　　　　　　　　　　　　　　　　　].

英語で「必ず〜する」を意味する表現はいくつかあるのですが、上のクイズのようにDon't から始まる表現としては、**don't forget to *do***「〜することを忘れないで」＝「必ず〜して」と使います。「必ずこの手紙を出してください」は、**Don't forget to mail this letter** とします。「明日出かけるとき」は **when you leave tomorrow** としましょう。まとめると、**Don't forget to mail this letter when you leave tomorrow.** が正解になります。続いて、**演習問題**に進みます。

演習問題

次の日本語を英語に直しなさい。

空港に着いたら、おじさんに必ず電話してね。

「おじさんに必ず電話してね」は、**don't forget to *do*** を使って、**Don't forget to call your uncle** とします。「空港に着いたら」は、**when you arrive at the airport** としましょう。まとめると、**Don't forget to call your uncle when you arrive at the airport.** が正解になります。続いて、**応用問題**に進みます。

応用問題1

次の日本語を英語に直しなさい。

学校から帰る途中で忘れずに牛乳を買ってきてね。

「忘れずに牛乳を買ってきてね」から、**don't forget to *do***「〜することを忘れないで」を使うと判断して、**Don't forget to buy some milk 〜.** とします。milk は不可算名詞ですが、**不可算名詞に「多い、少ない」の情報がないときには、無冠詞で使わずに some を使う**

と良いでしょう。「学校から帰る途中で」は **on *one's* way to** ～「～の途中で」を使って、**on your way home from school** としましょう。home は副詞で使うので、on your way to home とはせずに、on your way home とすることもおさえておきましょう。まとめると、**Don't forget to buy some milk on your way home from school.** が正解になります。次の**応用問題**に進みます。

応用問題 2

日本語を参考にして、空所に適切な英語を入れなさい。

必ず彼女の助言に従うようにしなさい。

Make [ ].

「必ず～する」の応用問題です。発信型の英語である和文英訳では、いくつも表現をおさえる必要はなく、1つおさえておけば十分なのですが、この問題のように、文頭に Make が指定されている場合があります。その場合には、**make sure to *do*「**必ず～する」を使って、**Make sure to follow her advice.** としましょう。

口頭チェックテスト　Words&Phrases

□	① 必ず～して	Don't forget to *do* ～ .
□	② 手紙を出す	mail a letter
□	③ ～する途中で	on *one's* way to ～
□	④ (make を使って) 必ず～する	make sure to *do*
□	⑤ 助言に従う	follow *one's* advice

口頭チェックテスト　Sentences

□	① 明日出かけるときに、必ずこの手紙を出して下さい。 Don't forget to mail this letter when you leave tomorrow.
□	② 空港に着いたら、おじさんに必ず電話してね。 Don't forget to call your uncle when you arrive at the airport.
□	③ 学校から帰る途中で忘れずに牛乳を買ってきてね。 Don't forget to buy some milk on your way home from school.
□	④ 必ず彼女の助言に従うようにしなさい。 Make sure to follow her advice.

その

10

文＋αの章

PATTERN 54「～と言われている」

PATTERN 55「～ことが知られている」

PATTERN 56「～は言うまでもない」

動詞＋αの表現に対して、文＋αの表現を扱っていきます。「～と言われている」や「～ことが知られている」は、形式主語の it を使って、**It is said that ～ .** や、**It is known that ～ .** とします。「～は言うまでもない」を意味する英語もいくつかありますが、**It goes without saying that ～ .** を使いましょう。

PATTERN 54 「～と言われている」

和文英訳クイズ

日本語を参考にして、下の空所に適切な英語を書きなさい。

人間は知的な生物であるといわれる。

[　　　　　　　　　　　　　　] intelligent creatures.

「～と言われている」は、**It is said that ～ .** で表現します。「人間は知的な生物である」は、**human beings are intelligent creatures** で表します。空所には、It is said that human beings are が入ります。完成した英文は、**It is said that human beings are intelligent creatures.** になります。**「人間」に関係する表現**を紹介します。

和文英訳POINT18 「人間」に関係する表現

□	～な人	person
□	人々	people
□	人間	human beings
□	人類	humankind

一人の人間を指しての「人」は **person**、複数の人を指しての「人々」は **people** を使います。動物に対して生物学的な「人間」は **human beings** を使います。広い意味で使う「人類」は **humankind** を使います。続いて、**演習問題**に進みます。

演習問題

次の日本語を英語に直しなさい。

コーヒーを飲む人は、飲まない人より心臓や肝臓の病気を含む様々な原因による死亡リスクが低いと言われてきた。

「〜と言われてきた」は、過去から現在に至る時制なので現在完了を使って、**It has been said that 〜.** とします。「〜」の文の骨格は「コーヒーを飲む人は、飲まない人より〜リスクが低い」なので、**people who drink coffee have a lower risk of 〜 than those who don't.** とします。don't の後ろには drink coffee が省略されています。

「心臓や肝臓の病気を含む様々な原因による死亡リスク」は、**including**「〜を含んで」を使って、**risk of death from various causes, including heart disease and liver disease** とします。まとめると、**It has been said that people who drink coffee have a lower risk of death from various causes, including heart disease and liver disease than those who don't.** が正解になります。続いて、**応用問題**に進みます。

応用問題

次の日本語を英語に直しなさい。

2000年代、彼らは西洋社会の映画に強力な影響を与えて、ミュージカル映画の復活において重要な役割を果たしてきたと言われている。

「〜と言われている」から、**It is said that 〜.** を使います。「2000年代、彼らは西洋社会の映画に強力な影響を与えて」は、**have an influence on 〜**「〜に影響を与える」を使って、**in the 2000s they had a powerful influence on movies in western societies** とします。

続いて、「ミュージカル映画の復活において重要な役割を果たしてきた」は、過去から現在への影響なので**現在完了**を使います。さらに「〜な役割を果たす」は **play a 〜 role** を使って、**they have played an important role in the revival of musical movies** とします。まとめると、**It is said that in the 2000s they had a powerful influence on movies in western societies, and they have played an important role in the revival of musical movies.** が正解になります。

口頭チェックテスト　Words&Phrases

□	① 人間	human beings
□	② 知的な	intelligent
□	③ 生物	creature
□	④ 心臓	heart
□	⑤ 肝臓	liver
□	⑥ リスクが低い	have a low risk
□	⑦ 西洋社会	western societies
□	⑧ ～に影響を与える	have an influence on ～
□	⑨ 復活	revival
□	⑩ 役割を果たす	play a role

口頭チェックテスト　Sentences

□ ① 人間は知的な生物であるといわれる。

It is said that human beings are intelligent creatures.

□ ② コーヒーを飲む人は、飲まない人より心臓や肝臓の病気を含む様々な原因による死亡リスクが低いと言われてきた。

It has been said that people who drink coffee have a lower risk of death from various causes, including heart disease and liver disease than those who don't.

□ ③ ２０００年代、彼らは西洋社会の映画に強力な影響を与えて、ミュージカル映画の復活において重要な役割を果たしてきたと言われている。

It is said that in the 2000s they had a powerful influence on movies in western societies, and they have played an important role in the revival of musical movies.

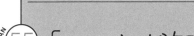

PATTERN 55「〜ことが知られている」

和文英訳クイズ

次の日本語を英語に直しなさい。

法隆寺(Horyu-ji Temple)は、607年に建てられ、日本で最も古い寺の1つであることはよく知られている。

文の中心の骨格は「〜ことはよく知られている」なので、形式主語の it を使って、**It is well known that 〜 .** とします。「法隆寺は、607年に建てられ、日本で最も古い寺の1つである」は、過去時制と現在時制が続くので文を2つに分けます。「〜の1つ」は **one of** 〜を使って、**Horyu-ji Temple was built in 607, and it is one of the oldest temples in Japan** とします。まとめると、**It is well known that Horyu-ji Temple was built in 607, and it is one of the oldest temples in Japan.** が正解になります。和文英訳で**頻出の日本の名所**をまとめます。

和文英訳POINT19　**日本の名所の英語表現**

□	金閣寺	Kinkaku-ji Temple
□	富士山	Mt. Fuji
□	皇居	Imperial Palace
□	伊勢神宮	Ise Grand Shrine
□	信濃川	the Shinano River
□	東京駅	Tokyo Station

日本の名所の英語表現です。「金閣寺」は法隆寺を応用して、**Kinkaku-ji Temple** とします。「富士山」は mountain を略した **Mt. Fuji** とします。「皇居」は **Imperial Palace**、「伊勢神宮」は **Ise Grand Shrine** です。Shrine は普通の「神社」で、「神宮」の場合は Grand Shrine とします。「信濃川」は **the Shinano River** とします。「東京駅」は **Tokyo Station** と、the を付けないことをおさえておきましょう。続いて、**演習問題**に進みます。

演習問題

次の日本語を英語に直しなさい。

喫煙者のおよそ半分が喫煙に関わる病気で早く死ぬということが知られている。

文の骨格は、「～ことが知られている」なので、形式主語のitを使って、**It is known that ～.** とします。「喫煙者のおよそ半分が～で早く死ぬ」は、**die of ～**「～で死ぬ」を使って、**about a half of all smokers die early of ～**とします。「喫煙に関わる病気」は、related to ～「～に関係する」を使って、**diseases related to smoking** とします。まとめると、**It is known that about a half of all smokers die early of diseases related to smoking.** が正解になります。続いて、**応用問題**に進みます。

応用問題 1

次の日本語を英語に直しなさい。

古代には、災害は神の怒りによって起こると考えられていた。

「～ことが知られている」の応用編です。「古代には、～と考えられていた」なので、形式主語のitを使った **it is thought that ～.** を過去時制にして、**In ancient times, it was thought that ～.** とします。「災害は神の怒りによって起こる」は、マイナスのニュアンスがある **be caused by** ～「～によって引き起こされる」を使って、**disasters were caused by God's anger** とします。まとめると、**In ancient times, it was thought that disasters were caused by God's anger.** が正解になります。次の**応用問題**に進みます。

応用問題 2

次の日本語を英語に直しなさい。

しかし今では、子どもたちは、正式に教えを受けなくても、遊びの中で、音楽のかけらを、その場で自然に生み出すことができることがわかっている。

文の骨格は「しかし今では、～ことがわかっている」なので、**形式主語のit**を使って、**But now, it is known that ～.** とします。「子どもたちは～遊びの中で、音楽のかけらを、その場で自然に生み出すことができる」は、**on the spot**「その場で」を使って、**children can produce some pieces of music naturally on the spot while playing** とします。続いて、「正式に教えを受けなくても」は、**without formal coaching** とします。まとめると、**But**

now, it is known that children can produce some pieces of music naturally on the spot while playing without formal coaching. が正解になります。

口頭チェックテスト Words&Phrases

□	① ～ことはよく知られている	It is well known that ～.
□	② 法隆寺	Horyu-ji Temple
□	③ 寺	temple
□	④ 喫煙者	smokers
□	⑤ 古代	in ancient times
□	⑥ 災害	disaster
□	⑦ 神の怒り	God's anger
□	⑧ ～によって引き起こされる	be caused by ～
□	⑨ 正式な	formal
□	⑩ 指導	coaching
□	⑪ その場で	on the spot

口頭チェックテスト Sentences

□ ① 法隆寺（Horyu-ji Temple）は、607年に建てられ、日本で最も古い寺の1つであることはよく知られている。

It is well known that Horyu-ji Temple was built in 607, and it is one of the oldest temples in Japan.

□ ② 喫煙者のおよそ半分が喫煙に関わる病気で早く死ぬということが知られている。

It is known that about a half of all smokers die early of diseases related to smoking.

□ ③ 古代には、災害は神の怒りによって起こると考えられていた。

In ancient times, it was thought that disasters were caused by God's anger.

□ ④ しかし今では、子どもたちは、正式に教えを受けなくても、遊びの中で、音楽のかけらを、その場で自然に生み出すことができることがわかっている。

But now, it is known that children can produce some pieces of music naturally on the spot while playing without formal coaching.

PATTERN 56 「～は言うまでもない」

和文英訳クイズ

日本語を参考にして、下の空所に適切な英語を書きなさい。

彼がすばらしいピアニストであることは言うまでもない。

[　　　　　　　　　　　] that he is an excellent pianist.

「～は言うまでもない」を表す英語表現もいくつかありますが、空所の後ろに that があるので、**It goes without saying that ～.**「～は言うまでもない」を使います。完成した英文は、**It goes without saying that he is an excellent pianist.** になります。続いて、**演習問題**に進みます。

演習問題

次の日本語を英語に直しなさい。

その名前が、史上最高ともたたえられるサッカー選手にちなんでいるのは、言うまでもない。

「～は、言うまでもない」から、**It goes without saying that ～.** を使います。「～」の文の骨格は、「それは～サッカー選手にちなんでいる」となるので、**name A after B**「B にちなんで A と名付ける」の受動態である **be named after** ～を使って、**it was named after the soccer player** とします。「史上最高ともたたえられる」から、関係代名詞の who を使って、**who was praised as the best in history** とします。

まとめると、**It goes without saying that it was named after the soccer player who was praised as the best in history.** が正解になります。続いて、**応用問題**に進みます。

応用問題

次の日本語を英語に直しなさい。

言うまでもなく、このプレゼンテーションで出された様々な提案は、必ずしもこの会社の公式見解を反映するものではありません。

「言うまでもなく〜」から、**It goes without saying that 〜 .** を使います。「〜」の文の骨格は「〜様々な提案は、必ずしも…を反映しない」なので、**not necessarily**「必ずしも〜とは限らない」を使って、**various proposals 〜 do not necessarily reflect** …とします。「〜」に入る「このプレゼンテーションで出された」は **make a proposal**「提案する」を proposals と複数形にして、make を分詞にして **proposals made in this presentation** とします。「…」に入る「この会社の公式見解」は **the official views of this company** とします。

まとめると、**It goes without saying that the various proposals made in this presentation do not necessarily reflect the official views of this company.** が正解になります。

口頭チェックテスト Words&Phrases

□	① 〜は言うまでもない	It goes without saying that 〜 .
□	② すばらしい	excellent
□	③ 史上最高	the best in history
□	④ たたえられる	be praised
□	⑤ 〜にちなんでいる	be named after 〜
□	⑥ 提案をする	make a proposal
□	⑦ プレゼンテーション	presentation
□	⑧ 公式見解	an official view
□	⑨ 反映する	reflect

口頭チェックテスト　**Sentences**

- ① 彼がすばらしいピアニストであることは言うまでもない。

  It goes without saying that he is an excellent pianist.

- ② その名前が、史上最高ともたたえられるサッカー選手にちなんでいるのは、言うまでもない。

  It goes without saying that it was named after the soccer player who was praised as the best in history.

- ③ 言うまでもなく、このプレゼンテーションで出された様々な提案は、必ずしもこの会社の公式見解を反映するものではありません。

  It goes without saying that the various proposals made in this presentation do not necessarily reflect the official views of this company.

その

11

比較の章

PATTERN 57「～と同じくらいの」

PATTERN 58「…ほど～ない」

PATTERN 59「…ほど～なものはない」

PATTERN 60「ますます～」

PATTERN 61「予想より」

PATTERN 62「～より」

PATTERN 63「～すればするほど」

比較表現をおさえると、表現の幅が一気に広がります。**原級表現の as ～ as** は、PATTERN 57～59に使います。特に PATTERN 59は、**最上級相当表現**と呼ばれる表現を使います。続いて、PATTERN 60～63は、**比較級の表現**なので、1つずつおさえていきましょう。PATTERN 63は、**The＋比較級～, the＋比較級….** を使います。

PATTERN 57 「～と同じくらいの」

和文英訳クイズ

日本語を参考にして、下の空所に適切な英語を書きなさい。

親が子どもだった時、今のあなたと同じくらいテレビを見ていた。

Your parents [ ].

文の骨格は主語を補うと「**あなたの親は**、今のあなたと**同じくらいの量**のテレビを見ていた」なので、**as much as** ～を使って、Your parents **watched TV as much as you do now** とします。do は watch TV の代動詞です。「親が子どもだった時」は Your parents を they にして、**when they were children** とします。完成した英文は、**Your parents watched TV as much as you do now when they were children.** になります。続いて、**演習問題**に進みます。

演習問題

次の日本語を英語に直しなさい。

人間はこれまでに使ったのと同じくらいの量のエネルギーを次の40年間にわたって使うだろう。

文の骨格は「人間は～と同じくらいの量のエネルギーを…使うだろう」なので、**as much as** ～「～と同じくらいの量の」を使って、**Human beings will use as much energy as** ～とします。「これまでに使ったのと同じくらいの量の」は、Human beings の代名詞と use energy の代動詞、**so far**「これまでに」を使って、**they have done so far** とします。

「次の４０年間にわたって」は over ～「～にわたって」を使って、**over the next forty years** とします。この表現は、use の後ろに置いても、最後に置いても文意が取れなくなるので、energy の後ろに置きます。完成した英文は、**Human beings will use as much energy over the next forty years as they have done so far.** が正解になります。続いて、**応用問題**に進みます。

応用問題

次の日本語を英語に直しなさい。

生きていくために、嘘をつく能力と同じくらい、仲間を信頼する能力が求められる。

「生きていくために」は、**in order to *do***「～するために」を使います。文の骨格は主語を補うと、「あなたは～する能力が求められる」なので、**be required to *do*** を使って、**you are required to have the ability to *do*** ～とします。「～する能力が求められる」を「～する能力を持つことが求められる」とかみ砕いて **have the ability to *do*** ～を使います。

続いて、「嘘をつく能力と同じくらい、仲間を信頼する能力」は、**B as well as A**「A と同様に B も」を使って、**the ability to trust your friends as well as the ability to tell them lies** とします。まとめると、**In order to live, you are required to have the ability to trust your friends as well as the ability to tell them lies.** が正解です。

口頭チェックテスト Words&Phrases

□	① テレビを見る	watch TV
□	② ～にわたって	over ～
□	③ 仲間	friends
□	④ 信頼する	trust
□	⑤ 嘘をつく	tell a lie

口頭チェックテスト Sentences

□ ① 親が子どもだった時、今のあなたと同じくらいテレビを見ていた。

Your parents watched TV as much as you do now when they were children.

□ ② 人間はこれまでに使ったのと同じくらいの量のエネルギーを次の４０年間にわたって使うだろう。

Human beings will use as much energy over the next forty years as they have done so far.

□ ③ 生きていくために、嘘をつく能力と同じくらい、仲間を信頼する能力が求められる。

In order to live, you are required to have the ability to trust your friends as well as the ability to tell them lies.

PATTERN 58 「…ほど〜ない」

和文英訳クイズ

日本語を参考にして、下の空所に適切な英語を書きなさい。

以前ほどたくさんの本を読んでいないことに気付いた。
I noticed that [ ].

文の骨格は、主語の「私は」を補って「私は〜ことに気付いた」なので、**I noticed that 〜 .** とします。「〜」には、「以前ほどたくさんの本を読んでいない」が入るので、**not as 〜 as** …「…ほど〜ない」を使って、**I did not read as many books as before** とします。「読んだ本の多さ」を比較しているので、read books as many as とせずに、**read as many books as** とすることに注意しましょう。完成した英文は、**I noticed that I did not read as many books as before.** となります。続いて、**演習問題**に進みます。

演習問題

次の日本語を英語に直しなさい。

オーディオブックを聴くことは、本を読む前に映画版を観ることほど悪くないよ。

文の骨格は「〜を聴くことは、…を観ることほど悪くない」なので、**動名詞**と **not as 〜 as** …を使って、**Listening to 〜 is not as bad as ….** とします。「〜」は「オーディオブック」なので、総称の複数で **audiobooks** とします。「…」は「本を読む前に映画版を観ること」なので、**watching a movie version before reading the novel** とします。ここでの「本」は、映画になるのはたいてい小説だと考えられるので、the book ではなく the novel としています。まとめると、**Listening to audiobooks is not as bad as watching a movie version before reading the novel.** が正解です。続いて、**応用問題**に進みます。

応用問題

次の日本語を英語に直しなさい。

英語は中国語ほどネイティブ・スピーカーが多くないかもしれないが、それは世界で断然最も広く話されている言語であり、また第二言語として最も選ばれている。

「英語は中国語ほどネイティブ・スピーカーが多くないかもしれない」は、**not as ～ as** …を使って、**English may not have as many native speakers as Chinese** とします。続いて、「それは世界で断然最も広く話されている言語であり」は、**最上級の強調表現の by far「断然」**を使って、**it is by far the most widely spoken language in the world** とします。

最後の「また第二言語として最も選ばれている」は、「最も選ばれている」を「最もよく選ばれている」と読み換えて、先ほどの文に続けて、**and also most often chosen as a second language** とします。まとめると、**English may not have as many native speakers as Chinese, but it is by far the most widely spoken language in the world, and also most often chosen as a second language.** が正解です。

口頭チェックテスト **Words&Phrases**

□	① …ほど～ない	not as ～ as …
□	② 気付く	notice
□	③ 断然	by far
□	④ 広く	widely
□	⑤ 第二言語	second language
□	⑥ 選ぶ	choose

口頭チェックテスト　Sentences

- ① 以前ほどたくさんの本を読んでいないことに気付いた。

  I noticed that I did not read as many books as before.

- ② オーディオブックを聴くことは、本を読む前に映画版を観ることほど悪くないよ。

  Listening to audiobooks is not as bad as watching a movie version before reading the novel.

- ③ 英語は中国語ほどネイティブ・スピーカーが多くないかもしれないが、それは世界で断然最も広く話されている言語であり、また第二言語として最も選ばれている。

  English may not have as many native speakers as Chinese, but it is by far the most widely spoken language in the world, and also most often chosen as a second language.

PATTERN 59「…ほど～なものはない」

和文英訳クイズ

次の日本語を英語に直しなさい。

時間ほど貴重なものはない。

「…ほど～ない」から、**PATTERN 58**でやったように原級の否定表現である **not as ～ as …**を使います。もっとも、この日本語は「…ほど～なものはない」なので、**最上級相当表現**になるものでもあります。すなわち、「時間ほど貴重なものはない」とは「時間は最も貴重なものである」という意味になります。「…ほど～なものはない」は、主語に Nothing を置いて、**Nothing is as ～ as ….** で表します。よって、上のクイズの正解は **Nothing is as precious as time.** になります。続いて、**演習問題**に進みます。

演習問題

次の日本語を英語に直しなさい。

思考能力を向上させるためには、数学ほど効果的なものはないと言う人がいます。

「～と言う人がいます」から、**PATTERN 31** で紹介した **Some people say that ～.** とします。「…には、数学ほど効果的なものはない」は、最上級相当表現を使って、**nothing is as effective as mathematics** …とします。「思考能力を向上させるためには」は、**in order to *do*** を使って、**in order to improve the ability to think** とします。まとめると、**Some people say that nothing is as effective as mathematics in order to improve the ability to think.** が正解です。続いて、**応用問題**に進みます。

応用問題 1

次の日本語を英語に直しなさい。

しばらく町から出て新鮮な空気を楽しむことほどいいことはないわ。

「～ほどいいことはないわ」から、最上級相当表現を使って、**Nothing is as good as ～.** とします。「しばらく町から出て新鮮な空気を楽しむこと」は「しばらく町から出ている間に新鮮な空気を楽しむこと」と読み換えて、**enjoying fresh air while getting out of town for a while** とします。まとめると、**Nothing is as good as enjoying fresh air while getting out of town for a while.** が正解です。次の**応用問題**に進みます。

応用問題 2

次の日本語を英語に直しなさい。

とは言え同時に、日本人ほど外国語が好きで、世界中から来た人たちに対して友好的な国民はいない。

「…ほど～はいない」から、最上級相当表現を使うと判断します。「日本人ほど～な国民はいない」から、**no people are as ～ as Japanese people.** とします。「～」には、「外国語が好きで、世界中から来た人たちに対して友好的な」に相当する英語を入れるので、**fond of foreign languages and as friendly to people from all over the world** を入れます。形容詞を使って「～が好きだ」は **be fond of** を使います。まとめると、**But at the same time, no people are as fond of foreign languages and as friendly to people from all over the world as Japanese people.** が正解です。

口頭チェックテスト **Words&Phrases**

□	① …ほど～なものはない	Nothing is as ～ as ….
□	② 貴重な	precious
□	③ 思考能力	the ability to think
□	④ 向上させる	improve
□	⑤ 数学	mathematics
□	⑥ 効果的な	effective
□	⑦ 新鮮な	fresh
□	⑧ しばらく	for a while
□	⑨ 同時に	at the same time
□	⑩ 友好的な	friendly
□	⑪ 国民	people

口頭チェックテスト **Sentences**

□ ① 時間ほど貴重なものはない。

Nothing is as precious as time.

□ ② 思考能力を向上させるためには、数学ほど効果的なものはないと言う人がいます。

Some people say that nothing is as effective as mathematics in order to improve the ability to think.

□ ③ しばらく町から出て新鮮な空気を楽しむことほどいいことはないわ。

Nothing is as good as enjoying fresh air while getting out of town for a while.

□ ④ とは言え同時に、日本人ほど外国語が好きで、世界中から来た人たちに対して友好的な国民はいない。

But at the same time, no people are as fond of foreign languages and as friendly to people from all over the world as Japanese people.

PATTERN 60 「ますます～」

和文英訳クイズ

日本語を参考にして、下の空所に適切な英語を書きなさい。

台風が近づくにつれて、風がますます強くなった。
As the typhoon came [ ].

「台風が近づくにつれて」は【比例】の **as** を使って、**As the typhoon came closer, ～ .** とします。「風がますます強くなった」は、**比較級**＋**and**＋**比較級**「ますます～」を使って、**the wind became stronger and stronger** とします。完成した英文は、**As the typhoon came closer, the wind became stronger and stronger.** になります。続いて、**演習問題**に進みます。

演習問題

次の日本語を英語に直しなさい。

そのプレゼントは、思っていたよりも、だんだん高い贈り物になってきた。

文の骨格は「そのプレゼントは～だんだん高い贈り物になってきた」なので、**比較級**＋**and**＋**比較級** と get C「C になる」を使って、**The present is getting more and more expensive ～ .** とします。「思っていたよりも」は主語を補うと「私が思っていたよりも」なので、**than I expected** とします。まとめると、**The present is getting more and more expensive than I expected.** が正解になります。続いて、**応用問題**に進みます。

応用問題

次の日本語を英語に直しなさい。

概して他人と実際に関わる時間をますます減らしつつある。

「概して」は「一般的に」と読み換えて、**generally** で表します。「〜時間をますます減らしつつある」は**総称の you** で主語を補って、**比較級**+and+**比較級** を使って、**You generally have less and less time** 〜とします。続いて、「他人と実際に関わる時間」は、不定詞の形容詞的用法を使って、**less and less time to interact with other people in person** とします。ここでの「実際に」とは、メールや電話ではなくて直接かかわるという文脈なので、**in person**「直接」を使います。まとめると、**You generally have less and less time to interact with other people in person.** が正解になります。

口頭チェックテスト　Words&Phrases

□	① 台風	typhoon
□	② 〜につれて	as 〜
□	③ ますます〜	比較級+and+比較級
□	④ 概して	generally
□	⑤ 〜と関わる	interact with 〜
□	⑥ 直接	in person

口頭チェックテスト　Sentences

□	① 台風が近づくにつれて、風がますます強くなった。 As the typhoon came closer, the wind became stronger and stronger.
□	② そのプレゼントは、思っていたよりも、だんだん高い贈り物になってきた。 The present is getting more and more expensive than I expected.
□	③ 概して他人と実際に関わる時間をますます減らしつつある。 You generally have less and less time to interact with other people in person.

PATTERN 61 「予想より」

和文英訳クイズ

日本語を参考にして、下の空所に適切な英語を書きなさい。

新しい仕事は予想していたものより難しかった。
The new job was [ ].

和文英訳の問題で、「〜より」という比較級の表現はよく出ます。その中でも「予想より」という表現が頻出です。上のクイズでは、「予想していたものより」＝「私が予想していたより」になります。かつ、**過去時制の「難しかった」よりも1つ時制が古いので、過去完了を使って、than I had expected** とします。あとは比較級を使って、**more difficult** を前に置いて完成です。完成した英文は、**The new job was more difficult than I had expected.** になります。続いて、**演習問題**に進みます。

演習問題

次の日本語を英語に直しなさい。

病気になった人の数は、予想よりもはるかに多かった。

文の骨格は、「〜の数は、予想よりもはるかに多かった」なので、**The number of 〜 was far higher than expected.** とします。まずは、**number の「多い、少ない」は high、low を使う**ことをおさえておきましょう。さらに**比較級の強調には far「はるかに」**を使います。続いて、本問のように誰が予想したかを明示しない場合は、than it was expected で、it was が省略されて、**than expected** となることがあるので、おさえておきましょう。

最後に「病気になった人」は関係詞を使って、**people who got sick** とします。まとめると、**The number of people who got sick was far higher than expected.** が正解になります。続いて、**応用問題**に進みます。

応用問題

次の日本語を英語に直しなさい。

君があまり悪口を言うものだから、逆にその映画を先日見て来たのだが、思っていたよりもずっと面白かったよ。

「君があまり悪口を言うものだから」は、【理由】の **since** と **say bad things about** ～「～の悪口を言う」を使って、**Since you said such bad things about the movie,** とします。「悪口を言う」で speak ill of を使ってしまいがちですが、これは主に人を目的語で使うので注意しましょう。「逆にその映画を先日見て来た」は、**I nevertheless watched it the other day.** でいったん文を切ります。最後に「思っていたよりもずっと面白かった」は「私が思っていたよりも」なので、**than I had expected** と比較級の強調 much を使って、**It was much more interesting than I had expected.** とします。まとめると、**Since you said such bad things about the movie, I nevertheless watched it the other day. It was much more interesting than I had expected.** が正解になります。

口頭チェックテスト Words&Phrases

□	① 病気になる	get sick
□	② ～の数	the number of ～
□	③ （数が）多い・少ない	high、low
□	④ ～の悪口を言う	say bad things about ～

口頭チェックテスト Sentences

□	① 新しい仕事は予想していたものより難しかった。 The new job was more difficult than I had expected.
□	② 病気になった人の数は、予想よりもはるかに多かった。 The number of people who got sick was far higher than expected.
□	③ 君があまり悪口を言うものだから、逆にその映画を先日見て来たのだが、思っていたよりもずっと面白かったよ。 Since you said such bad things about the movie, I nevertheless watched it the other day. It was much more interesting than I had expected.

PATTERN 62 「〜より」

和文英訳クイズ

日本語を参考にして、下の空所に適切な英語を書きなさい。

車の運転は見た目よりも難しい。

Driving a car is [ ].

PATTERN 61では「予想より」を紹介しましたが、和文英訳の問題では「〜より」という表現が頻出です。このクイズでも、「見た目よりも難しい」という表現があるので、比較級を使って、**more difficult than it looks** とします。「見た目より」は **比較級** +**than S look** と表現しましょう。完成した英文は、**Driving a car is more difficult than it looks.** になります。「〜より」は、他にも「以前より」、「実際より」、「いつもより」などがあります。**「〜より」のバリエーション**を見ていきましょう。

和文英訳POINT20 「〜より」のバリエーション

□	① 予想より	比較級+than S expect
□	② 見た目よりも	比較級+than S look
□	③ 以前よりも	比較級+than before
□	④ 実際よりも	比較級+than S actually be
□	⑤ いつもより	比較級+than usual

①は **PATTERN 61**でやったように、**比較級** +**than S expect** や **than expected** とすることがあります。②が上のクイズで登場した「見た目よりも」で **比較級** +**than S look** とします。主語が複数形の場合は they look、時制が過去の場合は looked とします。続いて、③の「以前よりも」は **比較級** +**than before** とします。「以前の S」とする場合は、**比較級** +**than S used to be** とすることも、おさえておきましょう。

④「実際よりも」は、**比較級** +**than S actually be** とします。最後の⑤「いつもより」は **比較級** +**than usual** になります。続いて、**演習問題**に進みます。

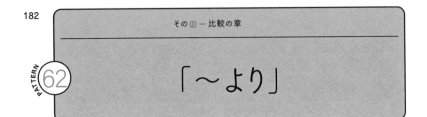

演習問題

次の日本語を英語に直しなさい。

私は以前よりも彼が好きになった。

文の骨格は「私は彼が好きになった」なので、**I came to like him** とします。「好きだ」なら like でよいのですが、「好きになる」から、**come to *do***「～するようになる」を使います。「以前よりも」から比較級の **more** を使って **than before** と続けて完成です。まとめると、**I came to like him more than before.** が正解になります。続いて、**応用問題**に進みます。

応用問題 1

次の日本語を英語に直しなさい。

その役者は、最新の映画の中で実際よりもずっと若く見える。

文の骨格は「その役者は若く見える」なので、**look C**「**C に見える**」を使って、**the actor looks young** になります。「実際より」を、**than he actually is** で表して、元の文を比較級にして、**the actor looks much younger than he actually is** とします。比較級の強調表現である **much** を使って「ずっと」を表します。「最新の映画の中で」は、**in the latest film** で表して文頭に置いて完成です。まとめると、**In the latest film, the actor looks much younger than he actually is.** が正解になります。次の**応用問題**に進みます。

応用問題 2

次の日本語を英語に直しなさい。

ラッシュ（rush hour)を避けるため、今朝はいつもより早い電車に乗りました。

文の骨格は、主語の「私は」を補って「私は電車に乗りました」から、**I took a train** とします。「いつもより」から、**than usual** を使って元の文も比較級にします。**I took an earlier train than usual** とします。「ラッシュを避けるため」は、不定詞の副詞的用法を使って **to avoid rush hour** としましょう。まとめると、**I took an earlier train than usual to avoid rush hour.** が正解になります。

口頭チェックテスト　Words&Phrases

□	① 見た目よりも	比較級+than S look
□	② 以前よりも	比較級+than before
□	③ 役者	actor
□	④ 最新の	latest
□	⑤ 実際よりも	比較級+than S actually be
□	⑥ 〜を避ける	avoid
□	⑦ いつもより	比較級+than usual

口頭チェックテスト　Sentences

□	① 車の運転は見た目よりも難しい。 Driving a car is more difficult than it looks.
□	② 私は以前よりも彼が好きになった。 I came to like him more than before.
□	③ その役者は、最新の映画の中で実際よりもずっと若く見える。 In the latest film, the actor looks much younger than he actually is.
□	④ ラッシュ（rush hour）を避けるため、今朝はいつもより早い電車に乗りました。 I took an earlier train than usual to avoid rush hour.

PATTERN 63 「～すればするほど」

和文英訳クイズ

日本語を参考にして、下の空所に適切な英語を書きなさい。

私たちは年を取ればとるほど、それだけ賢くなるものだ。

The [ ].

「年を取ればとるほど、それだけ」から、The＋比較級～, the＋比較級….「～すればするほど、それだけ…」を使います。「年を取る」は **get old** で表し、「賢くなる」は **become wise** で表します。よって、完成した英文は、old、wise を比較級にして the の後ろに置いた、**The older we get, the wiser we become.** になります。続いて、**演習問題**に進みます。

演習問題

次の日本語を英語に直しなさい。

単純作業であればあるほど、その仕事が持つ意味を問い、背後にある大きな目的を意識することが重要になります。

「～であればあるほど、…」から、The＋比較級～, the＋比較級….を使います。「単純作業であればあるほど」は「その仕事が単純であればあるほど」と読み換えて、**The simpler the tasks are, ～.** とします。**仕事の使い分け**をまとめます。

和文英訳POINT21　**仕事の使い分け**

□	(一般的な) 仕事	work
□	(報酬が発生する) 仕事	job
□	(個々の割り当てられた) 仕事	task
□	専門職	profession
□	肉体労働	labor
□	天職	calling

この問題では、**個々の割り当てられた仕事**を指すので、task を使います。後半の「～することが重要になります」は形式主語の it を使って、**it is important to *do*** ～としますが、「それだけ重要になります」と読み換えて、important を比較級にして the の後ろに置いて、**the more important it is to *do*** ～を使います。「～」に入る「その仕事が持つ意味を問い、背後にある大きな目的を意識する」は、**ask about the meanings they have, and to be aware of the significant purposes behind them** とします。

まとめると、**The simpler the tasks are, the more important it is to ask about the meanings they have, and to be aware of the significant purposes behind them.** が正解になります。続いて、**応用問題**に進みます。

応用問題

次の日本語を英語に直しなさい。

科学ニュースを無批判に受け入れれば受け入れるほど、私たちは本来の科学的思考から遠ざかってしまう恐れがあることを自覚しなくてはならない。

文の骨格は「私たちは～ことを自覚しなくてはならない」なので、「私たちは～ことを認識すべきだ」と読み換えて、**We should realize that ～ .** とします。「～に受け入れれば受け入れるほど」から、**The＋比較級 ～ , the＋比較級 ….** を使います。「科学ニュースを無批判に受け入れれば受け入れるほど」は、**the more uncritically we accept science news,** とします。

続いて、「本来の科学的思考から遠ざかってしまう恐れがある」は、be far away from「～から遠ざかる」の far away を比較級にして the の後ろに置いて、**the farther away we may be from true scientific thinking** とします。まとめると、**We should realize that the more uncritically we accept science news, the farther away we may be from true scientific thinking.** が正解になります。

口頭チェックテスト　Words&Phrases

□	① ～すればするほど、それだけ…	The+ 比較級 ～ , the+ 比較級 ….
□	② 年を取る	get old
□	③ 賢くなる	become wise
□	④ 背後にある	behind
□	⑤ 目的	purpose
□	⑥ ～を意識する	be aware of ～
□	⑦ 科学ニュース	science news
□	⑧ 無批判に	uncritically
□	⑨ ～から遠ざかる	be far away from ～
□	⑩ 自覚する	realize

口頭チェックテスト　Sentences

□ ① 私たちは年を取ればとるほど、それだけ賢くなるものだ。

The older we get, the wiser we become.

□ ② 単純作業であればあるほど、その仕事が持つ意味を問い、背後にある大きな目的を意識することが重要になります。

The simpler the tasks are, the more important it is to ask about the meanings they have, and to be aware of the significant purposes behind them.

□ ③ 科学ニュースを無批判に受け入れれば受け入れるほど、私たちは本来の科学的思考から遠ざかってしまう恐れがあることを自覚しなくてはならない。

We should realize that the more uncritically we accept science news, the farther away we may be from true scientific thinking.

その

12

呼応表現の章

PATTERN 64 「AだろうとBだろうと」

PATTERN 65 「AではなくてB」

PATTERN 66 「AというよりむしろB」

PATTERN 67 「AだけではなくBも」

AとBという記号を用いて表す表現を学びます。「AだろうとBだろうと」は **whether A or B** です。「AではなくてB」は **not A but B**、「AというよりむしろB」は **B rather than A**、「AだけではなくBも」は **not only A but also B** を使うことをおさえておきましょう。

PATTERN 64 「AだろうとBだろうと」

和文英訳クイズ

日本語を参考にして、下の空所に適切な英語を書きなさい。

美しい花は、名前を知っていようと知っていまいと美しいと考えるかもしれない。
[　　　　　　　　　　] a flower is beautiful.

主語を補って、「あなたは〜と考えるかもしれない」と読み換えて、**you may think that 〜 .** とします。「名前を知っていようと知っていまいと」も主語を補って「あなたがその名前を知ろうと知るまいと」と読み換えて、**whether A or not**「Aだろうとそうでなかろうと」を使って、**whether you know its name or not** になります。完成した英文は、**Whether you know its name or not, you may still think that a flower is beautiful.** になります。続いて、**演習問題**に進みます。

演習問題

次の日本語を英語に直しなさい。

私は、本であれ洋服であれ何であっても、身のまわりにモノが増え始めると落ち着かない気分になる。

文の骨格を見抜くと、「私は〜落ち着かない気分になる」なので「私は落ち着かないように感じる」と読み換えて、**I feel restless 〜 .** とします。「身のまわりにモノが増え始めると」は、「物の数が自分の周りで増え始めると」と読み換えて、**when the number of things begins to increase around me** とします。この when 節の中の主語は the number なので、動詞は3単現の s を付けて begins とします。最後に「本であれ洋服であれ何であっても」は、**whether A or B** を使って、**whether they are books or clothes or anything** と表します。まとめると、**I feel restless when the number of things begins to increase around me, whether they are books or clothes or anything.** が正解になります。続いて、**応用問題**に進みます。

応用問題

次の日本語を英語に直しなさい。

しかし、目的地にたどりつくまでのわくわくした気持ちは、過去も現在も変わってはいないはずだ。

文の骨格は、「〜わくわくした気持ちは、…変わってはいないはずだ」になるので、**the exciting feelings 〜 should not change,** …とします。「過去も現在も」は、**whether A or B** を使って、**whether it is in the past or at present** とします。ここでの it は時の it です。

「目的地にたどりつくまでのわくわくした気持ち」は、**総称の you** を補って、「目的地にたどりつくまでにあなたが抱くわくわくした気持ち」と読み換えます。すると、「〜までに」は **until** 〜を使って、「あなたが抱くわくわくした気持ち」は、**S が V する** 名詞 なので、名詞 ＋**SV** に置き換えて、**the exciting feelings you have until you reach your destination** とします。まとめると、**However, the exciting feelings you have until you reach your destination should not change, whether it is in the past or at present.** が正解です。

口頭チェックテスト Words&Phrases

□	① A だろうとそうでなかろうと	whether A or not
□	② 洋服	clothes
□	③ 落ち着かない	restless
□	④ 増える	increase
□	⑤ わくわくした気持ち	exciting feelings
□	⑥ 目的地	destination
□	⑦ 〜にたどり着く	reach 〜
□	⑧ 過去に	in the past
□	⑨ 現在	at present

口頭チェックテスト　Sentences

□ ① 美しい花は、名前を知っていようと知っていまいと美しいと考えるかもしれない。

Whether you know its name or not, you may still think that a flower is beautiful.

□ ② 私は、本であれ洋服であれ何であっても、身のまわりにモノが増え始めると落ち着かない気分になる。

I feel restless when the number of things begins to increase around me, whether they are books or clothes or anything.

□ ③ しかし、目的地にたどりつくまでのわくわくした気持ちは、過去も現在も変わってはいないはずだ。

However, the exciting feelings you have until you reach your destination should not change, whether it is in the past or at present.

その12 — 呼応表現の章

PATTERN 65 「A ではなくて B」

和文英訳クイズ

日本語を参考にして、下の空所に適切な英語を書きなさい。

間違いは失敗ではなく、成功の基盤となるものなのである。

The mistakes are [ ].

「間違い」は mistake を使いますが、**複数形の mistakes で使う**ことが多いので、おさえておきましょう。「失敗ではなく、成功の基盤となる」は、**not A but B**「A ではなくて B」を使って、**not failures but the basis of success** とします。完成した英文は、**The mistakes are not failures, but the basis of success.** となります。続いて、**演習問題**に進みます。

演習問題

次の日本語を英語に直しなさい。

重要なのは勝ち負けではなく、どのくらい熱心に取り組むかなのです。

「重要なのは」は **what is important** で表します。「勝ち負けではなく、どのくらい熱心に取り組むか」は、**not A but B** を使います。「勝ち負け」は「あなたが勝つか負けるか」と読み換えて、**whether A or B** を使って、**whether you win or lose** とします。「どのくらい熱心に取り組むか」は、**疑問詞の how**「どれほど〜」を使って、**how hard you work** とします。まとめると、**What is important is not whether you win or lose, but how hard you work.** になります。続いて、**応用問題**に進みます。

応用問題

次の日本語を英語に直しなさい。

私たちの多くは、他人を助けに行くことではなく、何か恐ろしいことや残忍なことに巻き込まれるのを恐れている。

文の骨格は、「私たちの多くは、～行くことではなく、…のを恐れている」から、**not A but B**「**A ではなくて B**」を使って、**Many of us are not afraid of going ～ , but are afraid of ….** とします。「他人を助けに行く」から、「～」には **to help others** とします。続いて、「何か恐ろしいことや残忍なことに巻き込まれる」から、…には、**get involved in ～**「～に巻き込まれる」を使って、**getting involved in something terrible or cruel** とします。something は形容詞を後ろに置くことも、おさえておきましょう。まとめると、**Many of us are not afraid of going to help others, but are afraid of getting involved in something terrible or cruel.** が正解です。

口頭チェックテスト **Words&Phrases**

□	① 間違い	mistake(s)
□	② 失敗	failure
□	③ A ではなくて B	not A but B
□	④ 成功	success
□	⑤ 基盤	basis
□	⑥ 勝ち負け	whether you win or lose
□	⑦ 他人	others
□	⑧ 恐ろしい	terrible
□	⑨ 残忍な	cruel
□	⑩ ～に巻き込まれる	get involved in ～
□	⑪ ～を恐れている	be afraid of ～

口頭チェックテスト **Sentences**

□	① 間違いは失敗ではなく、成功の基盤となるものなのである。 The mistakes are not failures, but the basis of success.
□	② 重要なのは勝ち負けではなく、どのくらい熱心に取り組むかなのです。 What is important is not whether you win or lose, but how hard you work.
□	③ 私たちの多くは、他人を助けに行くことではなく、何か恐ろしいことや残忍なことに巻き込まれるのを恐れている。 Many of us are not afraid of going to help others, but are afraid of getting involved in something terrible or cruel.

PATTERN 66「AというよりむしろB」

和文英訳クイズ

日本語を参考にして、下の空所に適切な英語を書きなさい。

アメリカの文化は、人種のるつぼというよりむしろサラダボールとみなされている。
American culture is thought of as [ ].

「〜とみなされている」は、**think of A as B** の受動態である **be thought of as** 〜です。空所には「人種のるつぼというよりむしろサラダボール」を入れることになるので、**B rather than A**「AというよりむしろB」を使って、**a salad bowl rather than a melting pot** とします。完成した英文は、**American culture is thought of as a salad bowl rather than a melting pot.** になります。続いて、**演習問題**に進みます。

演習問題

次の日本語を英語に直しなさい。

若いころは、温かいお湯よりも冷たい水を、ホットコーヒーよりもアイスコーヒーを頼んだものだ。

主語を補って、「若いころは、私は頼んだものだ」が文の骨格なので、過去の習慣を表す **used to *do***「(以前は) 〜したものだ」を使って、**In my youth, I used to ask for 〜.** とします。**ask for** 〜「〜を頼む」を使います。「温かいお湯よりも冷たい水を、ホットコーヒーよりもアイスコーヒーを」から、**B rather than A**「AというよりむしろB」を使って、**cold rather than hot water, and iced rather than hot coffee** とします。

まとめると、**In my youth, I used to ask for cold rather than hot water, and iced rather than hot coffee.** が正解になります。続いて、**応用問題**に進みます。

応用問題

次の日本語を英語に直しなさい。

彼らは、英国の植民地の臣民よりもむしろ、母国に住む人たちと自分たちとを比較した。

文の骨格は「彼らは、～、…と自分たちとを比較した」なので、**compare A with B**「AをBと比較する」を使って、**they compared themselves with** ～とします。「母国に住む人たちと自分たちとを比較した」は、**people who** ～「～する人々」を使って、**compared themselves with the people who lived in their home country** とします。

「英国の植民地の臣民よりもむしろ」は、**B rather than A** を使って、**rather than with the subjects of the British colonies** とします。「臣民」とは、君主国の人民のことを指して、**subject** で表します。まとめると、**They compared themselves with the people who lived in their home country rather than with the subjects of the British colonies.** が正解になります。

口頭チェックテスト **Words&Phrases**

□	① AというよりむしろB	B rather than A
□	② ～とみなされている	be thought of as ～
□	③ 人種のるつぼ	a melting pot
□	④ 若いころ	in *one's* youth
□	⑤ ～を頼む	ask for ～
□	⑥ ～したものだ	used to *do*
□	⑦ 植民地	colony
□	⑧ 臣民	subject
□	⑨ AをBと比較する	compare A with B

口頭チェックテスト Sentences

① アメリカの文化は、人種のるつぼというよりむしろサラダボールとみなされている。

American culture is thought of as a salad bowl rather than a melting pot.

② 若いころは、温かいお湯よりも冷たい水を、ホットコーヒーよりもアイスコーヒーを頼んだものだ。

In my youth, I used to ask for cold rather than hot water, and iced rather than hot coffee.

③ 彼らは、英国の植民地の臣民よりもむしろ、母国に住む人たちと自分たちとを比較した。

They compared themselves with the people who lived in their home country rather than with the subjects of the British colonies.

PATTERN 67 「AだけではなくBも」

和文英訳クイズ

日本語を参考にして、下の空所に適切な英語を書きなさい。

大学生活は勉強のためだけでなく新しい友人を作るための時間でもある。

College life is [   ].

文の骨格は、「大学生活は～時間でもある」から、**College life is a time for ～.** とします。「～」は「勉強のためだけでなく新しい友人を作るための」から、**not only A but also B**「AだけではなくBも」を使って、**not only a time for study but also for making new friends** とします。完成した英文は、**College life is not only a time for study but also for making new friends.** になります。続いて、**演習問題**に進みます。

演習問題

次の日本語を英語に直しなさい。

外国語を学ぶには、単語や文法の知識だけでなく、その言葉が使われている文化を理解することも必要である。

「外国語を学ぶには」を「外国語を学ぶ際に」と読み換えて、**In learning foreign languages** とします。「～することも必要である」から、形式主語の it を使って、**it is necessary to *do* ～.** とします。「単語や文法の知識（を持っていること）だけではなく、その言葉が使われている文化を理解することも」は、**not only A but also B**「AだけではなくBも」を使って、**not only to have a knowledge of vocabulary and grammar but also to understand the culture in which the language is used** になります。

「知識」は knowledge で不可算名詞ですが、**後ろから of vocabulary and grammar と修飾語句が付くと具体化される**ので、**a knowledge** とします。ここでの「単語」は、1つ1つの語（word）ではなく、「語彙」を表すので **vocabulary** で表します。「その言葉が使われている文化」は、関係詞を使って **the culture in which the language is used** とします。

まとめると、**In learning foreign languages, it is necessary not only to have a knowledge of vocabulary and grammar but also to understand the culture in which the language is used.** が正解になります。続いて、**応用問題**に進みます。

応用問題

次の日本語を英語に直しなさい。

その試合中に起こったことは、単に政治的であるだけではなく、非常に個人的なことでもあった。

「その試合中に起こったこと」から、関係代名詞の what を使って、**What happened during the match** とします。続いて、「単に政治的であるだけではなく、非常に個人的なことでもあった」は、**not only A but also B** を使って、**not only political but also very personal** とします。まとめると、**What happened during the match was not only political but also very personal.** が正解です。

口頭チェックテスト Words&Phrases

□	① 大学生活	college life
□	② A だけではなく B も	not only A but also B
□	③ 文法	grammar
□	④ 語彙	vocabulary
□	⑤ 試合	match
□	⑥ 政治的な	political
□	⑦ 個人的な	personal

口頭チェックテスト **Sentences**

- ① 大学生活は勉強のためだけでなく新しい友人を作るための時間でもある。

  College life is not only a time for study but also for making new friends.

- ② 外国語を学ぶには、単語や文法の知識だけでなく、その言葉が使われている文化を理解することも必要である。

  In learning foreign languages, it is necessary not only to have a knowledge of vocabulary and grammar but also to understand the culture in which the language is used.

- ③ その試合中に起こったことは、単に政治的であるだけではなく、非常に個人的なことでもあった。

  What happened during the match was not only political but also very personal.

その

13

動詞の章

和文英訳に出題される頻出の動詞を扱っていきます。「（O に）～か尋ねる」は、**ask O_1 O_2** で表します。「～が増えている」は現在完了進行形を使って、**The number of ～ has been increasing.** としましょう。「～するのを楽しみにしている」は現在進行形を使って、**be looking forward to *doing*** とするなど、具体的な文型や動詞の形にまで踏み込んで説明していきます。

PATTERN 68 「～して過ごす」

和文英訳クイズ

日本語を参考にして、下の空所に適切な英語を書きなさい。

私はニューヨークで半年英語を勉強して過ごしました。

I [   ] New York.

「～して過ごす」は英作文で頻出の表現になります。**spend O *doing***「O を～して過ごす」の型を当てはめてみましょう。このクイズでは、「半年英語を勉強して過ごしました」から、**spent half a year studying English** とします。まとめると、**I spent half a year studying English in New York.** が正解になります。続いて、**演習問題**に進みます。

演習問題

次の日本語を英語に直しなさい。

彼は、週末何時間も小説を読んで過ごす。

文の骨格は「彼は、～何時間も小説を読んで過ごす」から、**spend O *doing***「O を～して過ごす」を推測して、**He spends many hours reading novels** とします。「小説」は1冊を表すわけではないので、**総称の複数**（**その名詞全般を表す用法**）を使って、**novels** とします。「週末」は「週末の間」と理解して、**over the weekend** としましょう。ちなみに「平日」は、**weekday** とします。「**平日の間**」は **on weekdays** とすることもおさえておきましょう。ここまでをまとめると、**He spends many hours reading novels over the weekend.** が正解になります。続いて、**応用問題**に進みます。

応用問題

次の日本語を英語に直しなさい。

第一に、おとなやティーンエージャーたちは、スマートフォンの画面をながめて多くの時間を費やしている。

「第一に」は、**First** を使います。**first を使った似たような表現**をまとめます。

和文英訳POINT22 firstを使った表現の区別

□	第一に	first
□	初めて（経験する）	for the first time
□	はじめは（～だが、後で異なる）	at first

「第一に」は、何かを列挙するときの表現で、シンプルに **First** と文頭に置くので問題ありません。「初めて何かを経験した」というときは **for the first time** と使います。一方で、「はじめは～だが、後で違うとわかる」のような文脈では、**at first** を使うこともおさえておきましょう。

問題に戻ると、「おとなやティーンエージャーたち」は **adults and teenagers** で表現します。「～をながめて多くの時間を費やしている」から、**spend O *doing*** を使って、**spend many hours looking at** ～とします。「～」には、「スマートフォンの画面」から、**their smartphone screens** としましょう。まとめると、**First, adults and teenagers are spending many hours looking at their smartphone screens.** が正解です。

口頭チェックテスト Words&Phrases

□	① Oを～して過ごす	spend O *doing*
□	② 週末	over the weekend
□	③ 第一に	first
□	④ おとな	adult
□	⑤ ティーンエージャー	teenager
□	⑥ スマートフォンの画面	smartphone screen

口頭チェックテスト Sentences

□	① 私はニューヨークで半年英語を勉強して過ごしました。 I spent half a year studying English in New York.
□	② 彼は、週末何時間も小説を読んで過ごす。 He spends many hours reading novels over the weekend.
□	③ 第一に、おとなやティーンエージャーたちは、スマートフォンの画面をながめて多くの時間を費やしている。 First, adults and teenagers are spending many hours looking at their smartphone screens.

PATTERN 69 「～に影響を与える」

和文英訳クイズ

日本語を参考にして、下の空所に適切な英語を書きなさい。

色は私たちの精神状態に大きな影響を与える。
Colors [ ] our mental state.

「～に影響を与える」は、**have an influence on** ～をおすすめします。「～に肯定的な影響を与える」となると、influence の前に positive を置いて、**have a positive influence on** ～とすることで、応用して使うことができます。上のクイズでは、「～に大きな影響を与える」なので、**have a great influence on** ～とします。「私たちの精神状態」は **our mental state** とします。完成した英文は、**Colors have a great influence on our mental state.** になります。続いて、**演習問題**に進みます。

演習問題

次の日本語を英語に直しなさい。

結局、スマートフォンは、良い影響と悪い影響の両方を私たちの生活に及ぼしていると思うよ。

文の骨格は「スマートフォンは、～影響の両方を…に及ぼしていると思うよ」なので、I think で文を始めて、**have an influence on** ～を使います。「スマートフォン」は総称の複数にして、**I think smartphones have an influence on ～.** とします。続いて、「良い影響と悪い影響の両方を私たちの生活に及ぼしている」は、**have both positive and negative influences on our lives** とします。「結局」は、**after all** で表します。

まとめると、**I think smartphones have both positive and negative influences on our lives after all.** が正解になります。続いて、**応用問題**に進みます。

応用問題 1

次の日本語を英語に直しなさい。

この授業では、私は猛暑が農業生産に与える影響に焦点を置く計画である。

文の骨格は「私は〜に焦点を置く計画である」なので、**plan to *do***「〜する計画をする」、**focus on** 〜「〜に焦点を当てる」を使って、**I plan to focus on** 〜**.** とします。「猛暑が農業生産に与える影響」は、「SがVする 名詞 」なので、名詞 +SVの語順に換えて、**the influence extreme heat has on agricultural production** とします。「猛暑」は **extreme heat**、「農業生産」は **agricultural production** で表します。「この授業では」は in this class として、文の最後に置きましょう。まとめると、**I plan to focus on the influence extreme heat has on agricultural production in this class.** が正解になります。次の**応用問題**に進みます。

応用問題 2

次の日本語を英語に直しなさい。

地球温暖化に伴う異常気象は食糧生産に悪影響を及ぼすが、農地を広げれば温暖化が加速してしまうだろう。

「〜に悪影響を及ぼす」も、**have an influence on** 〜を使います。「地球温暖化に伴う異常気象」は「地球温暖化によって引き起こされる異常気象」と読み換えて、**Abnormal weather caused by global warming has a bad influence on food production** とします。「農地を広げれば温暖化が加速してしまう」は「農地を広げることが温暖化を加速させる」と読み換えて、**expanding farmland will accelerate warming** とします。まとめると、**Abnormal weather caused by global warming has a bad influence on food production, but expanding farmland will accelerate warming.** が正解になります。

口頭チェックテスト Words&Phrases

□	① ～に影響を与える	have an influence on ～
□	② 精神状態	mental state
□	③ スマートフォン	smartphone
□	④ 猛暑	extreme heat
□	⑤ 農業生産	agricultural production
□	⑥ ～に焦点を置く	focus on ～
□	⑦ 地球温暖化	global warming
□	⑧ 異常気象	abnormal weather
□	⑨ 農地	farmland
□	⑩ 加速させる	accelerate

口頭チェックテスト Sentences

□ ① 色は私たちの精神状態に大きな影響を与える。
Colors have a great influence on our mental state.

□ ② 結局、スマートフォンは、良い影響と悪い影響の両方を私たちの生活に及ぼしていると思うよ。
I think smartphones have both positive and negative influences on our lives after all.

□ ③ この授業では、私は猛暑が農業生産に与える影響に焦点を置く計画である。
I plan to focus on the influence extreme heat has on agricultural production in this class.

□ ④ 地球温暖化に伴う異常気象は食糧生産に悪影響を及ぼすが、農地を広げれば温暖化が加速してしまうだろう。
Abnormal weather caused by global warming has a bad influence on food production, but expanding farmland will accelerate warming.

PATTERN 70 「異なる」

和文英訳クイズ

日本語を参考にして、下の空所に適切な英語を書きなさい。

人間は文化や文明を創造する点で他の動物とは異なる。
[　　　　　　　　　　　　　　　] they create culture and civilization.

「〜と異なる」は **differ from** 〜を使います。かつ、「〜と…の点で異なる」は **differ from 〜 in** …で覚えておきましょう。上のクイズでは、「人間は…する点で他の動物とは異なる」が文の骨格なので、**Human beings differ from other animals in….** とします。かつ、「…の点で」の「…」が文構造を伴う場合は、**in that SV** を使います。

完成した英文は、**Human beings differ from other animals in that they create culture and civilization.** になります。続いて、**演習問題**に進みます。

演習問題

次の日本語を英語に直しなさい。

子どもと大人の治療は状況の深刻さにより異なるだろう。

文の骨格は、「〜の治療は…により異なるだろう」なので、differ を使って、**Treatments for 〜 will differ ….** となります。「子どもと大人の治療」なので、**treatments for children and adults** とします。「状況の深刻さにより」は **depending on** 〜「〜次第で」を使って、**depending on the severity of their conditions** とします。まとめると、**Treatments for children and adults will differ depending on the severity of their conditions.** が正解になります。続いて、**応用問題**に進みます。

応用問題

次の日本語を英語に直しなさい。

海外で長く仕事をするうちに、幸福に対する考えが国によって大きく違うことに気づいた。

「海外で長く仕事をするうちに」は、while を使って、**While I was working abroad for a long time,** とします。文の骨格は主語を補うと「私は〜ことに気づいた」なので、**I noticed that 〜.** とします。

「幸福に対する考えが国によって大きく違う」は、**differ** を使って、**the attitudes toward happiness differed greatly from country to country** とします。「幸福に対する考え」とは「幸福に対する態度」と読み換えて、複数の態度を想定して複数形にして、**the attitudes toward happiness** とします。

「国によって」には from A to B の A、B に country を入れて **from country to country** とします。**from A to B** の **A**、**B に共通語句**が入る表現をまとめるので、おさえておきましょう。

和文英訳POINT23　**from A to BのA、Bに共通語句が入る表現**

□	国ごとに	from country to country
□	場所ごとに	from place to place
□	日ごとに	from day to day
□	毎年毎年	from year to year
□	時おり	from time to time

まとめると、**While I was working abroad for a long time, I noticed that the attitudes toward happiness differed greatly from country to country.** が正解になります。

口頭チェックテスト **Words&Phrases**

□	① 人間	human beings
□	② 文明	civilization
□	③ ～点で	in that ～
□	④ ～と異なる	differ from ～
□	⑤ 治療	treatment
□	⑥ 深刻さ	severity
□	⑦ 幸福に対する考え	attitude toward happiness
□	⑧ 国によって	from country to country

口頭チェックテスト **Sentences**

□ ① 人間は文化や文明を創造する点で他の動物とは異なる。

Human beings differ from other animals in that they create culture and civilization.

□ ② 子どもと大人の治療は状況の深刻さにより異なるだろう。

Treatments for children and adults will differ depending on the severity of their conditions.

□ ③ 海外で長く仕事をするうちに、幸福に対する考えが国によって大きく違うことに気づいた。

While I was working abroad for a long time, I noticed that the attitudes toward happiness differed greatly from country to country.

PATTERN 71 「～することが求められる」／「～することを要求する」

和文英訳クイズ

日本語を参考にして、下の空所に適切な英語を書きなさい。

このページにログインするたびに、パスワードの入力が求められる。
[　　　　　　　　] you log into this page, [　　　　　　　　　　] enter the password.

「～するたびに」は、**each time (every time)** ～を使います。「～が求められる」は、require O to *do* の受動態である **be required to *do*** を使います。「～を入力する」は **enter** を使うこともおさえておきましょう。よって、最初の空所には **Each time**、後ろの空所には **you are required to** が入ります。完成した英文は、**Each time you log into this page, you are required to enter the password.** になります。続いて、**演習問題**に進みます。

演習問題

次の日本語を英語に直しなさい。

この法律はまた、モデルたちの労働時間と給料の正確な記録を残すことをデザイナーたちに要求した。

文の骨格は「この法律はまた、～ことをデザイナーたちに要求した」なので、**require O to *do***「O に～するように要求する」を使って、**This law also required designers to *do* ～.** とします。「～の正確な記録を残すこと」は「～を正確に記録すること」と読み換えて、*do* ～のところは **record ～ accurately** とします。「モデルたちの労働時間と給料」は **the working hours and salaries of the models** とします。まとめると、**This law also required designers to record the working hours and salaries of the models accurately.** が正解になります。続いて、**応用問題**に進みます。

応用問題

次の日本語を英語に直しなさい。

人間の弱い面や汚い部分から目をそらさないで、患者を支えることが、医療人には求められる。

文の骨格は「〜ことが、医療人には求められる」なので、**be required to *do*** を使って、**Medical staff are required to *do* 〜 .** とします。「医療人」は medical staff を使って、複数扱いをします。「〜、患者を支えること」から、*do* のところに **support their patients** を入れます。「人間の弱い面や汚い部分から目をそらさないで」は、**without *doing***「〜せずに」と **turn *one's* eyes away from** 〜「〜から目をそらす」を使って、**without turning their eyes away from** 〜とします。「人間の弱い面や汚い部分」は、**human weaknesses or their bad sides** で表します。まとめると、**Medical staff are required to support their patients without turning their eyes away from them because of human weaknesses or their bad sides.** が正解になります。

口頭チェックテスト **Words&Phrases**

□	① 〜するたびに	each time 〜
□	② 〜にログインする	log into 〜
□	③ 〜するように求められる	be required to *do*
□	④ パスワードを入力する	enter the password
□	⑤ 労働時間	working hours
□	⑥ 給料	salary
□	⑦ 記録する	record
□	⑧ 正確に	accurately
□	⑨ 弱い面	weakness
□	⑩ 〜から目をそらす	turn *one's* eyes away from 〜
□	⑪ 〜せずに	without *doing*
□	⑫ 患者	patient
□	⑬ 支える	support
□	⑭ 医療人	medical staff

口頭チェックテスト **Sentences**

- ① このページにログインするたびに、パスワードの入力が求められる。

  Each time you log into this page, you are required to enter the password.

- ② この法律はまた、モデルたちの労働時間と給料の正確な記録を残すことをデザイナーたちに要求した。

  This law also required designers to record the working hours and salaries of the models accurately.

- ③ 人間の弱い面や汚い部分から目をそらさないで、患者を支えることが、医療人には求められる。

  Medical staff are required to support their patients without turning their eyes away from them because of human weaknesses or their bad sides.

PATTERN 72 「(Oに)〜か尋ねる」

和文英訳クイズ

日本語を参考にして、下の空所に適切な英語を書きなさい。

彼女は私が発表の準備ができているか尋ねた。

She [ ] presentation.

「尋ねた」はaskを使います。**ask O_1 O_2**「O_1にO_2を尋ねる」を使って、「Oに〜かどうかを尋ねる」では、名詞節のif「〜かどうか」を使って、**ask O if** 〜とします。Oと「〜」の主語が同じ場合は、Oを省略しても構いません。上のクイズは、「彼女は私が発表の準備ができているか尋ねた」なので、**She asked (me) if I had prepared for the presentation.** とします。meはif節中のIと同じなので、省略しても構いません。「〜の準備をする」は**prepare for** 〜で表します。続いて、**演習問題**に進みます。

演習問題

次の日本語を英語に直しなさい。

部活の会議で、私と新入生のKenがパーティを企画することになった。その会議が終わった後、彼は自分に何ができるかを私に尋ねた。

「部活の会議で、私と新入生のKenがパーティを企画することになった」は「部活の会議で、〜が決められた」と読み換えて、**In a club meeting, it was decided that I and a new student, Ken would plan the party.** とします。続いて、「その会議が終わった後、彼は自分に何ができるかを私に尋ねた」は、**after** 〜、**ask O_1 O_2**と疑問詞の**what**を使って、**After the meeting was over, he asked me what he could do.** とします。「〜が終わる」はシンプルに〜***be*** **over**とすればいいことをおさえておきましょう。まとめると、**In a club meeting, it was decided that I and a new student, Ken would plan the party. After the meeting was over, he asked me what he could do.** が正解になります。続いて、**応用問題**に進みます。

応用問題

次の日本語を英語に直しなさい。

かなり使い古されたPCを彼女が一年前に買ったことを私は思い出した。そのPCがまだ動いているかと私は彼女に尋ねた。

第１文の骨格は、「～ことを私は思い出した」なので、**I remembered that ～.** とします。「かなり使い古されたPCを彼女が一年前に買ったこと」は、remembered より1つ時制が古いので**過去完了**を使って **she had bought a very worn out PC a year ago** とします。「**使い古された**」は wear out「使い古す」の過去分詞である **worn out** とすることもおさえておきましょう。

第２文の「そのPCがまだ動いているかと私は彼女に尋ねた」は、**ask O_1 O_2** を使って、**I asked her if the PC was still working.** とします。まとめると、**I remembered that she had bought a very worn out PC a year ago. I asked her if the PC was still working.** が正解です。

口頭チェックテスト　**Words&Phrases**

□	① 発表	presentation
□	② ～の準備をする	prepare for ～
□	③ ～が終わる	～ *be* over
□	④ O_1 に O_2 を尋ねる	ask O_1 O_2
□	⑤ 使い古された	worn out

口頭チェックテスト　**Sentences**

□	① 彼女は私が発表の準備ができているか尋ねた。 She asked if I had prepared for the presentation.
□	② 部活の会議で、私と新入生の Ken がパーティを企画することになった。その会議が終わった後、彼は自分に何ができるかを私に尋ねた。 In a club meeting, it was decided that I and a new student, Ken would plan the party. After the meeting was over, he asked me what he could do.
□	③ かなり使い古されたPCを彼女が一年前に買ったことを私は思い出した。そのPCがまだ動いているかと私は彼女に尋ねた。 I remembered that she had bought a very worn out PC a year ago. I asked her if the PC was still working.

その⑬ ― 動詞の章

PATTERN 73 「〜が増えている」

和文英訳クイズ

日本語を参考にして、下の空所に適切な英語を書きなさい。

近年の傾向として、都市部以外の地域を観光する訪日客(ほうにちきゃく)が増えている。

[ ] who come to Japan and go sightseeing in areas except urban cities has [ ] as a trend in recent years.

文の骨格は「訪日客が増えている」ですが、主語に注意が必要です。このクイズでは、厳密には「訪日客**の数**が増えている」なので、**The number of tourists who come to Japan** とします。「訪日客」とは「日本に来てくれる観光客」なので、**tourists who come to Japan** とすることもおさえておきましょう。「**〜が増えている**」**は、過去から始まって現在も続く表現なので、現在完了進行形**を使います。**主語は The number と単数**なので、動詞は **has been increasing** とします。

よって、最初の空所には **The number of tourists**、後ろの空所には **been increasing** が入ります。完成した英文は、**The number of tourists who come to Japan and go sightseeing in areas except urban cities has been increasing as a trend in recent years.** になります。続いて、**演習問題**に進みます。

演習問題

次の日本語を英語に直しなさい。

宗教を信じないと言う人の数が急速に増えている。

上のクイズと文の骨格は同じなので、**The number of people 〜 has been increasing rapidly.** とします。「宗教を信じないと言う人」から、「〜」には、関係代名詞の who を使って、**who say they do not believe in religion** で完成です。宗教や考え方を信じる場合は、**believe in** とするのでおさえておきましょう。また、神様の存在や幽霊などを信じる場合も **believe in** を使います。まとめると、**The number of people who say they do not believe in religion has been increasing rapidly.** が正解です。続いて、**応用問題**に進みます。

応用問題

次の日本語を英語に直しなさい。

しかしながら、働きに出る女性の数は以前よりもまだ多かった。

この問題は、今までの知識の応用編です。「〜女性の数は以前よりもまだ多かった」が文の骨格なので、**the number of women 〜 was still higher than before.** とします。**number に対応させる「数が多い」**は、many、much を使わずに、**high や large** を使います。同様に **number に対応させる「数が少ない」**は、**low や small** を使います。

続いて、「働きに出る女性の数」なので、「〜」に関係代名詞を使って、**who went out to work** とします。まとめると、**However, the number of women who went out to work was still higher than before.** が正解になります。

口頭チェックテスト **Words&Phrases**

□	① 近年の傾向	a trend in recent years
□	② 都市部	urban cities
□	③ 〜以外の	except
□	④ 観光する	go sightseeing
□	⑤ 訪日客	tourists who come to Japan
□	⑥ 〜が増えている	The number of 〜 has been increasing.
□	⑦ 宗教を信じる	believe in religion
□	⑧ 急速に	rapidly
□	⑨ 働きに出る	go out to work
□	⑩ 数が多い	The number is high (large).
□	⑪ 以前よりも	比較級 +than before

口頭チェックテスト **Sentences**

- ① 近年の傾向として、都市部以外の地域を観光する訪日客が増えている。

  The number of tourists who come to Japan and go sightseeing in areas except urban cities has been increasing as a trend in recent years.

- ② 宗教を信じないと言う人の数が急速に増えている。

  The number of people who say they do not believe in religion has been increasing rapidly.

- ③ しかしながら、働きに出る女性の数は以前よりもまだ多かった。

  However, the number of women who went out to work was still higher than before.

PATTERN 74 「～にかられる」

和文英訳クイズ

日本語を参考にして、下の空所に適切な英語を書きなさい。

突然泣きたい衝動にかられた。

I was [　　　　　　　　　　　　] to cry suddenly.

「～衝動にかられる」を和文英訳する技術は高度な表現の1つになりますが、**drive**「かり立てる」を受動態にして、**an urge to *do***「～する衝動」と不定詞の形容詞的用法を使って、**be driven by an urge to *do*** ～で表します。上のクイズでは、「突然泣きたい衝動にかられた」なので、**I was driven by an urge to cry suddenly.** が正解になります。続いて、**演習問題**に進みます。

演習問題

次の日本語を英語に直しなさい。

大学生になるとすぐに、見聞を広めたり、自分を試したり、鍛えたりするために、無性にアメリカに行きたいという思いにかられました。

「大学生になるとすぐに、～」から **as soon as** を使って、**As soon as I became a college student, ～.** とします。「～」には「…するために、無性にアメリカに行きたいという思いにかられました」が入るので、**I was driven by an irresistible urge to go to the U.S. in order to *do* ….** とします。「無性に」は「あらがえない」と読み換えて urge の前に **irresistible** を置きます。**resist**「抵抗する」に否定の意味の **ir** と **-ible**「～できる」がついたものです。

「…」には、「見聞を広めたり、自分を試したり、鍛えたりするために」が入るので、**in order to broaden my views and to try and train myself** を入れます。まとめると、**As soon as I became a college student, I was driven by an irresistible urge to go to the U.S. in order to broaden my views and to try and train myself.** が正解になります。続いて、**応用問題**に進みます。

応用問題

次の日本語を英語に直しなさい。

たまにどこでもいいから、全速力で疾走したい衝動にかられたりするけれど、大人になるとそういう機会がないのが残念である。

主語を補うと、最初の文の骨格は「私はたまに〜全速力で疾走したい衝動にかられたりする」なので、**be driven by an urge to *do*** を使って、**I am sometimes driven by an urge to run as fast as I can 〜 .** とします。「〜」には「どこでもいいから」が入るので、wherever を使って、**wherever it is** とします。

続いて「大人になるとそういう機会がないのが残念である」は、**It's a pity that** 〜「〜なのは残念だ」を使って、**It's a pity that we have no such opportunities when we become adults.** とします。まとめると、**I am sometimes driven by an urge to run as fast as I can wherever it is, but it's a pity that we have no such opportunities when we become adults.** が正解になります。

口頭チェックテスト Words&Phrases

□	① 突然	suddenly
□	② 〜する衝動にかられる	be driven by an urge to *do*
□	③ 見聞を広める	broaden *one's* views
□	④ 鍛える	train
□	⑤ 全速力で走る	run as fast as S can
□	⑥ 大人になると	when S become an adult
□	⑦ 機会	opportunity
□	⑧ 〜は残念だ	It's a pity that 〜

口頭チェックテスト **Sentences**

- ① 突然泣きたい衝動にかられた。

  I was driven by an urge to cry suddenly.

- ② 大学生になるとすぐに、見聞を広めたり、自分を試したり、鍛えたりするために、無性にアメリカに行きたいという思いにかられました。

  As soon as I became a college student, I was driven by an irresistible urge to go to the U.S. in order to broaden my views and to try and train myself.

- ③ たまにどこでもいいから、全速力で疾走したい衝動にかられたりするけれど、大人になるとそういう機会がないのが残念である。

  I am sometimes driven by an urge to run as fast as I can wherever it is, but it's a pity that we have no such opportunities when we become adults.

その13 — 動詞の章

PATTERN 75 「～に関係がある・ない」

和文英訳クイズ

日本語を参考にして、下の空所に適切な英語を書きなさい。

私の仕事はコンピューターと大いに関係がある。

My job [ ].

「～と大いに関係がある」から、**have O to do with** ～を使います。「～に関係がある」の表現をまとめます。

和文英訳POINT24 「**～に関係がある**」

□	～と大いに関係がある	have much to do with ～
□	～と（何らかの）関係がある	have something to do with ～
□	～とほとんど関係がない	have little to do with ～
□	～と何も関係がない	have nothing to do with ～

関係性の度合いで、O の位置に **much**「大いに関係がある」、**something**「何らかの関係がある」、**little**「ほとんど関係がない」、**nothing**「何も関係がない」を入れて使います。

上のクイズでは、「大いに関係がある」なので much を使って、**My job has much to do with computers.** とします。続いて、**演習問題**に進みます。

演習問題

次の日本語を英語に直しなさい。

本の価値と価格は関係がない。

「～は関係がない」なので、**have nothing to do with** ～を使います。「本の価値と価格は関係がない」なので、**The value of a book has nothing to do with its price.** が正解になります。続いて、**応用問題**に進みます。

応用問題

次の日本語を英語に直しなさい。

この現象には科学技術の発展が関係あるのかもしれない。

「～が関係あるのかもしれない」なので、**have something to do with** ～を使います。「科学技術の発展」は **the development of technology** で表します。「この現象には科学技術の発展が関係あるのかもしれない」は、**This phenomenon may have something to do with the development of technology.** が正解になります。

口頭チェックテスト **Words&Phrases**

□	① ～と関係がある	have something to do with ～
□	② 価値	value
□	③ 値段	price
□	④ 科学技術	technology
□	⑤ 発展	development

口頭チェックテスト **Sentences**

□	① 私の仕事はコンピューターと大いに関係がある。
	My job has much to do with computers.
□	② 本の価値と価格は関係がない。
	The value of a book has nothing to do with its price.
□	③ この現象には科学技術の発展が関係あるのかもしれない。
	This phenomenon may have something to do with the development of technology.

PATTERN 76 「～を当然と思う」

和文英訳クイズ

日本語を参考にして、下の空所に適切な英語を書きなさい。

私たちは言論の自由のような権利を当然とみなしている。

We [ ] freedom of speech [ ].

「～を当然とみなしている」は、**take O for granted** で表します。「言論の自由のような権利」は、「言論の自由」が **freedom of speech**、「～のような」を **such as** ～で表します。よって、**rights such as freedom of speech** とします。完成した英文は、**We take rights such as freedom of speech for granted.** になります。続いて、**演習問題**に進みます。

演習問題

次の日本語を英語に直しなさい。

多くの人にとって部活動は当たり前の存在で、そこにある問題もおろそかにされてきた。

「多くの人にとって部活動は当たり前の存在で」は、**take O for granted**「O を当然と思う」を使って、**Many people have taken club activities for granted** とします。「そこにある問題もおろそかにされてきた」は、**neglect**「おろそかにする」を使って、**have neglected the problems there are** とします。

「おろそかにされてきた」から、過去から現在に影響を与える時制と判断して、現在完了形を使います。「そこにある問題」は、問題が複数あるので **problems** と複数形にして、関係詞の省略を使って、**the problems there are**「そこに存在する問題」とします。まとめると、**Many people have taken club activities for granted and have neglected the problems there are.** が正解になります。続いて、**応用問題**に進みます。

応用問題

次の日本語を英語に直しなさい。

多くの人々は、今日の異常な天気が地球温暖化のせいだということを当然とみている。

文の骨格は「多くの人々は、～ということを当然とみなしている」なので、**take O for granted** を使います。「今日の異常な天気が地球温暖化のせいだ」と O が長い場合は、**形式目的語の it** を使って、**take it for granted that** ～とします。よって、**Many people take it for granted that ～.** が文の骨格になります。

続いて、「～」は「今日の異常な天気が地球温暖化のせいだ」が入るので、**due to** ～「～が原因だ」を使って、**abnormal weather today is due to global warming** とします。「異常な天気」、「異常気象」は **abnormal weather** で、「地球温暖化」は **global warming** と、すぐに変換できるようにしておきましょう。まとめると、**Many people take it for granted that abnormal weather today is due to global warming.** が正解になります。

口頭チェックテスト Words&Phrases

□	① 言論の自由	freedom of speech
□	② ～のような	such as ～
□	③ 権利	right
□	④ O を当然とみなす	take O for granted
□	⑤ 部活動	club activities
□	⑥ そこにある問題	the problems there are
□	⑦ おろそかにする	neglect
□	⑧ 異常な天気	abnormal weather
□	⑨ 地球温暖化	global warming
□	⑩ ～のせいだ	due to ～

口頭チェックテスト Sentences

- ① 私たちは言論の自由のような権利を当然とみなしている。
  We take rights such as freedom of speech for granted.
- ② 多くの人にとって部活動は当たり前の存在で、そこにある問題もおろそかにされてきた。
  Many people have taken club activities for granted and have neglected the problems there are.
- ③ 多くの人々は、今日の異常な天気が地球温暖化のせいだということを当然とみている。
  Many people take it for granted that abnormal weather today is due to global warming.

PATTERN 77 「〜するのを楽しみにしている」

和文英訳クイズ

日本語を参考にして、下の空所に適切な英語を書きなさい。

今年の夏、自分の家族に会うのを楽しみにしています。
I [ ] this summer.

「〜するのを楽しみにする」は **look forward to *doing*** で、会話やメールで頻出の表現になるので、おさえておきましょう。現在進行形で使われることが多いので、空所には **am looking forward to seeing my family** が入ります。完成した英文は、**I am looking forward to seeing my family this summer.** になります。続いて、**演習問題**に進みます。

演習問題

次の日本語を英語に直しなさい。

私は来週ハワイに行って、海で泳ぐのを楽しみにしています。

「私は〜を楽しみにしています」なので、**look forward to *doing*** を現在進行形で使って、**I am looking forward to *doing* 〜 .** とします。「来週ハワイに行って、海で泳ぐ」なので、**going to Hawaii and swimming in the sea next week** とします。「海で泳ぐ」は **swim in the sea** として、**the を sea に付ける**のでおさえておきましょう。「航海中」のような場合は無冠詞で **at sea** と使います。完成した英文は、**I am looking forward to going to Hawaii and swimming in the sea next week.** になります。続いて、**応用問題**に進みます。

応用問題

次の日本語を英語に直しなさい。

その村の住民は、穏やかな天気を楽しみにしている。

文の骨格は、「その村の住民は、～を楽しみにしている」なので、**look forward to *doing*** を現在進行形で使って、**Residents of the village are looking forward to *doing* ～.** とします。「穏やかな天気を楽しみにしている」なので、to の後ろには *doing* ではなく名詞「穏やかな天気」を置いて、**the calm weather** とします。look forward to の後ろには名詞も置けることをおさえておきましょう。まとめると、**Residents of the village are looking forward to the calm weather.** が正解になります。

口頭チェックテスト Words&Phrases

□	① ～するのを楽しみにする	look forward to *doing*
□	② 海で泳ぐ	swim in the sea
□	③ 住民	resident
□	④ 穏やかな	calm

口頭チェックテスト Sentences

□ ① 今年の夏、自分の家族に会うのを楽しみにしています。
I am looking forward to seeing my family this summer.

□ ② 私は来週ハワイに行って、海で泳ぐのを楽しみにしています。
I am looking forward to going to Hawaii and swimming in the sea next week.

□ ③ その村の住民は、穏やかな天気を楽しみにしている。
Residents of the village are looking forward to the calm weather.

PATTERN 78 「～が備わっている」

和文英訳クイズ

日本語を参考にして、下の空所に適切な英語を書きなさい。

私の生徒はコンピューターの基本的技能が備わっている。
My students [　　　　　　　　　　] basic computer skills.

動詞が「～が備わっている」なので、**be equipped with** ～を使って、**are equipped with basic computer skills** とします。完成した英文は、**My students are equipped with basic computer skills.** になります。**be equipped with** ～は、「武器を装備していた」のような物理的なものに加えて、上のクイズのように知識や技術などの抽象的なものも目的語にとれることをおさえておきましょう。続いて、**演習問題**に進みます。

演習問題

次の日本語を英語に直しなさい。

人間には他の人の気持ちを感じ取るという、素晴らしい力が備わっている。

文の骨格は「人間には～力が備わっている」なので、**be equipped with** ～を使って、**Human beings are equipped with the ability to *do* ～.** とします。「他の人の気持ちを感じ取るという、素晴らしい力」は、**the wonderful ability to sense other people's feelings** とします。「～の気持ち」、「～の感情」という文脈では、**feelings と複数形で使う**ことをおさえておきましょう。まとめると、**Human beings are equipped with the wonderful ability to sense other people's feelings.** が正解になります。続いて、**応用問題**に進みます。

応用問題

次の日本語を英語に直しなさい。

すべての子どもたちが、音楽を創り出すために、楽器や自分の声で実験してみるという意欲と能力をもっているのだ。

文の骨格は「すべての子どもたちが、〜意欲と能力をもっているのだ」になるので、「〜意欲と能力が備わっている」と読み換えて **be equipped with** 〜を使います。**All children are equipped with the desire and ability to *do* 〜.** とします。「〜するために、楽器や自分の声で実験してみるという意欲と能力」は、**the desire and ability to experiment with musical instruments and their own voices to *do*** とします。instrument は「道具」で、**musical instrument** とすると「楽器」の意味になるのでおさえておきましょう。

最後に、「音楽を創り出すために」は不定詞の副詞的用法を使って、**to create music** とします。まとめると、**All children are equipped with the desire and ability to experiment with musical instruments and their own voices to create music.** が正解になります。

口頭チェックテスト　Words&Phrases

□	① 基本的技能	basic skills
□	② 〜が備わっている	be equipped with 〜
□	③ 他の人の気持ち	other people's feelings
□	④ 感じ取る	sense
□	⑤ 楽器	musical instrument
□	⑥ 実験する	experiment
□	⑦ 意欲	desire

口頭チェックテスト　Sentences

□ ① 私の生徒はコンピューターの基本的技能が備わっている。
My students are equipped with basic computer skills.

□ ② 人間には他の人の気持ちを感じ取るという、素晴らしい力が備わっている。
Human beings are equipped with the wonderful ability to sense other people's feelings.

□ ③ すべての子どもたちが、音楽を創り出すために、楽器や自分の声で実験してみるという意欲と能力をもっているのだ。
All children are equipped with the desire and ability to experiment with musical instruments and their own voices to create music.

PATTERN 79 「時間がかかる」

和文英訳クイズ

日本語を参考にして、下の空所に適切な英語を書きなさい。

私の家から京都まで、車で1時間とかかりません。

It [ ].

「時間がかかる」は、**It takes O₁ O₂ to *do***「O₁が～するのにO₂がかかる」を使います。「時間がかかる」は英作文でも頻出なので、おさえておきましょう。上のクイズもそのまま当てはめると、**It takes me less than an hour to *do*** となります。「私の家から京都まで、車で」は、**from A to B**「A から B まで」を使って、**to drive from my house to Kyoto** とします。完成した英文は、**It takes me less than an hour to drive from my house to Kyoto.** になります。続いて、**演習問題**に進みます。

演習問題

次の日本語を英語に直しなさい。

そのプラスチックが分解されるのに、長い時間かかる。

「時間かかる」から、**It takes O₁ O₂ to *do*** を使いますが、この問題は、「人が～するのに時間がかかる」という文脈ではありません。よって、**It takes＋時間＋for S to *do***「S が～するのに 時間 がかかる」を使います。上の問題に当てはめると、**It takes a long time for the plastic to decompose.** となります。続いて、**応用問題**に進みます。

応用問題

次の日本語を英語に直しなさい。

目的地まで車では30分くらいしかかかりません。

「時間がかかる」の文脈なので、It takes ～ . の構文を使います。「誰が～するのに」という O_1 がないので、**It takes＋時間＋to *do*** を使って、**It takes only about thirty minutes to *do*** とします。「目的地まで車では」は、**to drive to the destination** とします。まとめると、**It takes only about thirty minutes to drive to the destination.** が正解になります。

口頭チェックテスト **Words&Phrases**

□	① O_1 が～するのに O_2 がかかる	It takes O_1 O_2 to *do*
□	② A から B まで	from A to B
□	③ 分解する	decompose
□	④ 目的地	destination

口頭チェックテスト **Sentences**

□ ① 私の家から京都まで、車で1時間とかかりません。
It takes me less than an hour to drive from my house to Kyoto.

□ ② そのプラスチックが分解されるのに、長い時間かかる。
It takes a long time for the plastic to decompose.

□ ③ 目的地まで車では30分くらいしかかかりません。
It takes only about thirty minutes to drive to the destination.

PATTERN 80 「あふれている」

和文英訳クイズ

日本語を参考にして、下の空所に適切な英語を書きなさい。

教室は生徒であふれかえっていた。

There [ ] in the classroom.

「〜であふれている」は、flood「洪水」を使って、**There is a flood of 〜.「〜であふれている」**とします。よって、上のクイズでは、**There was a flood of students** とします。完成した英文は、**There was a flood of students in the classroom.** になります。続いて、**演習問題**に進みます。

演習問題

次の日本語を英語に直しなさい。

ネットには情報があふれているということになっているけど、ぜんぜんそんなことはないんです。

「〜ことになっているけど」から、一般論を挙げていると類推して、**It is said that 〜.** とします。「ネットには情報があふれている」は、**there is a flood of** 〜を使って、**there is a flood of information on the Internet** とします。「ぜんぜんそんなことはないんです」は「それはまったく事実ではない」と読み換えて、**be the case**「事実だ」を使って、**that is not the case at all** とします。まとめると、**It is said that there is a flood of information on the Internet, but that is not the case at all.** が正解になります。続いて、**応用問題**に進みます。

応用問題

次の日本語を英語に直しなさい。

インターネットにはさまざまな本のさまざまな感想があふれている。

演習問題と同様に、「インターネットには〜があふれている」なので、**there is a flood of** 〜を使います。「さまざまな本のさまざまな感想」は、**various book reviews for different kinds of books** とします。まとめると、**There is a flood of various book reviews for different kinds of books.** が正解になります。「さまざまな」は先頭で various を使っており、後ろでは繰り返しを避けて different を使いましょう。

口頭チェックテスト Words&Phrases

□	① 〜であふれている	There is a flood of 〜
□	② インターネット上に	on the Internet
□	③ 事実だ	be the case
□	④ まったく〜ない	not 〜 at all
□	⑤ 本の感想	book review

口頭チェックテスト Sentences

□ ① 教室は生徒であふれかえっていた。
There was a flood of students in the classroom.

□ ② ネットには情報があふれているということになっているけど、ぜんぜんそんなことはないんです。
It is said that there is a flood of information on the Internet, but that is not the case at all.

□ ③ インターネットにはさまざまな本のさまざまな感想があふれている。
There is a flood of various book reviews for different kinds of books.

その

14

頻出テーマの章

いよいよ最終章の頻出テーマ編です。いわゆる最近の社会問題を描写する表現なので、やはり和文英訳でも頻繁に出題されます。**インターネット、携帯電話、グローバリゼーション**などは頻出の話題です。医学部医学科のみならず、それ以外の学部でも、**医療用語**に関係する和文英訳は頻出なので、PATTERN 83～85の3つにわけて説明します。**少子高齢化問題、ジェンダー論、食品ロス**に関係する英語表現も学んでいきましょう。

PATTERN 81 テクノロジー用語に精通する

和文英訳クイズ

日本語を参考にして、下の空所に適切な英語を書きなさい。

科学技術は、過去には存在しなかったものを実現させます。

[   ] realizes [   ] in the past.

「科学技術」は **technology** で表すので、t を大文字にして最初の空所に入れます。「過去に存在しなかったもの」は**関係代名詞の what** を使って、**what did not exist in the past** とするので、後ろの空所には **what did not exist** を入れます。technology に代表されるテクノロジー用語は頻出なので、しっかりおさえておきましょう。完成した英文は、**Technology realizes what did not exist in the past.** になります。続いて、**演習問題**に進みます。

演習問題

次の日本語を英語に直しなさい。

時々、自分の友達は皆、現実の人ではなくて、プロフィール画像とユーザーネームだけだと感じるよ。

文の骨格は、主語を補うと「時々、私は～だと感じるよ」なので、**I sometimes feel that ～ .** とします。「～」には、「自分の友達は皆、現実の人ではなくて、プロフィール画像とユーザーネームだけだ」が入るので、not A but B「A ではなく B」を使って、**all my friends are not real people but just profile images and user names** とします。まとめると、**I sometimes feel that all my friends are not real people but just profile images and user names.** が正解になります。続いて、**応用問題**に進みます。

応用問題 1

次の日本語を英語に直しなさい。

こんにちでは、人工知能や遺伝子操作の技術についての議論が絶えず行われている。

文の骨格の「～についての議論が絶えず行われている」を「～についての**問題**が絶えず議論されている」と読み換えます。**under discussion**「議論の最中だ」を使って、**the issues about artificial intelligence and genetic manipulation are always under discussion** とします。まとめると、**The issues about artificial intelligence and genetic manipulation are always under discussion nowadays.** が正解になります。次の**応用問題**に進みます。

応用問題 2

次の日本語を英語に直しなさい。

科学技術の発展は、いつも人類の幸せに貢献するというわけではない。我々が科学技術を使うとき、多くの倫理的・社会的問題が生じている。

前半の文の骨格は「科学技術の発展は～に貢献する」で、「～に貢献する」の **contribute to** ～と「つねに～とは限らず」で部分否定の **not always** を使って、**The development of technology does not always contribute to the well-being of humankind.** とします。**和文英訳 POINT 18**で紹介したように、「人類」は **humankind** を使いましょう。

続いて、「科学技術を使うとき、多くの倫理的・社会的問題が生じている」は、過去から現在まで科学技術を使って問題が生じていることから、現在完了を使って、**When we have used it, many ethical and social problems have arisen.** とします。まとめると、**The development of technology does not always contribute to the well-being of humankind.** になります。後半が **When we have used it, many ethical and social problems have arisen.** で正解になります。**頻出のテクノロジー用語**をまとめます。

和文英訳 POINT25 頻出のテクノロジー用語

□	科学技術	technology
□	オンラインで	online
□	インターネット上に	on the Internet
□	自動運転車	self-driving car
□	人工知能	artificial intelligence
□	携帯電話	cell phone
□	スマートフォン	smartphone
□	パソコン	personal computer
□	タブレット	tablet

口頭チェックテスト Words&Phrases

□	① 実現させる	realize
□	② 過去には存在しなかったもの	what did not exist in the past
□	③ 現実の人	real people
□	④ 人工知能	artificial intelligence
□	⑤ 遺伝子操作	genetic manipulation
□	⑥ 幸せ	well-being
□	⑦ ～に貢献する	contribute to ～
□	⑧ 倫理的な	ethical

口頭チェックテスト Sentences

□	① 科学技術は、過去には存在しなかったものを実現させます。 Technology realizes what did not exist in the past.
□	② 時々、自分の友達は皆、現実の人ではなくて、プロフィール画像とユーザーネームだけだと感じるよ。 I sometimes feel that all my friends are not real people but just profile images and user names.
□	③ こんにちでは、人工知能や遺伝子操作の技術についての議論が絶えず行われている。 The issues about artificial intelligence and genetic manipulation are always under discussion nowadays.
□	④ 科学技術の発展は、いつも人類の幸せに貢献するというわけではない。我々が科学技術を使うとき、多くの倫理的・社会的問題が生じている。 The development of technology does not always contribute to the well-being of humankind. When we have used it, many ethical and social problems have arisen.

その14 — 頻出テーマの章

PATTERN 82 グローバリゼーション関連の用語に精通する

和文英訳クイズ

日本語を参考にして、下の空所に適切な英語を書きなさい。

多様性を理解することは、私たちの世界の見方を広げるのを助けてくれるだろう。

[ ] will help broaden [ ].

「多様性を理解すること」が文の主語なので、動名詞を使って **Understanding diversity** として、最初の空所に入れます。**diversity**「多様性」という単語は、グローバリゼーションが進む今の世界では、とても重要な単語なので、ここでおさえておきましょう。

「〜を広げるのを助けてくれるだろう」は、**help *do***「〜するのを助ける」を使った、**will help broaden** です。「私たちの世界の見方」は、**our view of the world** として、後ろの空所に入れます。完成した英文は、**Understanding diversity will help broaden our view of the world.** になります。続いて、**演習問題**に進みます。

演習問題

次の日本語を英語に直しなさい。

グローバル化に伴い、日本人の英語でのコミュニケーション能力が、重要な課題だと認識されるようになってから、長い時間が経っている。

文の骨格は、「〜してから長い時間が経つ」なので **It has been a long time since 〜 .** を使います。「〜」は「…が重要な課題だと認識されるようになる」なので、**come to *do***「〜するようになる」を使って、**came to be recognized as an important issue** とします。

「…」に入る「日本人の英語でのコミュニケーション能力」は、the ability to *do*「〜する能力」を使って、**the ability of Japanese people to communicate in English** とします。「**日本人の**能力」なので、ability と to *do* の間に **of Japanese people** を置きます。最後の「グローバル化に伴い」は「グローバル化の到来とともに」と読み換えて **with the coming of globalization** としましょう。まとめると、**It has been a long time since the ability of Japanese people to communicate in English came to be recognized as an important issue with the coming of globalization.** が正解になります。続いて、**応用問題**に進みます。

応用問題

次の日本語を英語に直しなさい。

多様性の国としての誇りを持つならば、私たちが実践する医療には、その誇りが反映されていることを確認しよう。

文の骨格は、「〜ならば、…ことを確認しよう」なので、**make sure that** …「…ことを確認する」を使って、**If 〜 , let's make sure that ….** とします。「〜」の文の骨格は主語を補ってかみ砕くと「私たちが自分たちの国の多様性に誇りを持つならば」なので、**be proud of** 〜「〜を誇りに思う」を使って、**we are proud of our nation's diversity** とします。

make sure that …の「…」には、「〜医療には、その誇りが反映されている」が入るので、**the pride is reflected in the medicine** 〜とします。「〜」は「私たちが実践する（医療）」が入るので、[名詞]+SVの語順に換えて、**the medicine we practice** とします。「医療を実践する」は **practice medicine** とすることもおさえておきましょう。まとめると、**If we are proud of our nation's diversity, let's make sure that the pride is reflected in the medicine we practice.** が正解になります。

口頭チェックテスト **Words&Phrases**

□	① 多様性	diversity
□	② 世界の見方	view of the world
□	③ 広げる	broaden
□	④ 〜するのを助ける	help *do*
□	⑤ グローバル化	globalization
□	⑥ 重要な課題	important issue
□	⑦ 〜するようになる	come to *do*
□	⑧ 〜してから長い時間が経つ	It has been a long time since 〜
□	⑨ 医療を実践する	practice medicine
□	⑩ 〜を確認する	make sure that 〜

口頭チェックテスト **Sentences**

- ① 多様性を理解することは、私たちの世界の見方を広げるのを助けてくれるだろう。

  Understanding diversity will help broaden our view of the world.

- ② グローバル化に伴い、日本人の英語でのコミュニケーション能力が、重要な課題だと認識されるようになってから、長い時間が経っている。

  It has been a long time since the ability of Japanese people to communicate in English came to be recognized as an important issue with the coming of globalization.

- ③ 多様性の国としての誇りを持つならば、私たちが実践する医療には、その誇りが反映されていることを確認しよう。

  If we are proud of our nation's diversity, let's make sure that the pride is reflected in the medicine we practice.

PATTERN 83 医療用語に精通する①

和文英訳クイズ

日本語を参考にして、下の空所に適切な英語を書きなさい。

この発見は、5年以内にその病気の治療法にさらなる改善をもたらしそうだ。
This discovery is likely to [ ] in [ ] within five years.

「さらなる改善をもたらしそうだ」は、**bring**「～をもたらす」を使って、**bring further improvement** として、最初の空所に入れます。「その病気の治療法に」から、【分野】の in を使って、**in the treatment of the disease** とします。完成した英文は、**This discovery is likely to bring further improvement in the treatment of the disease within five years.** になります。医学部や薬学部、歯学部では和文英訳がよく出題されており、かつ医療用語の理解が求められるので、**PATTERN 83～85**で演習しながら、整理していきます。続いて、**演習問題**に進みます。

演習問題

次の日本語を英語に直しなさい。

睡眠不足はさまざまな病気を引き起こす可能性があるんだよ。

「睡眠不足」は **lack of sleep** とします。「～不足」は、他にも「運動不足」**lack of exercise**、「栄養不足」**malnutrition** とありますが、すべて医療関連の和文英訳では頻出なので、おさえておきましょう。「さまざまな病気を引き起こす可能性があるんだよ」は、**can cause various diseases** とします。まとめると、**A lack of sleep can cause various diseases.** が正解になります。続いて、**応用問題**に進みます。

応用問題

次の日本語を英語に直しなさい。

手術室から遠く離れたところで医師が手術を行うことができるかもしれない。

文の骨格は「〜で医師が手術を行うことができるかもしれない」なので、doctorを**総称の複数**で使って、**Doctors could perform surgeries 〜.** とします。続いて、「手術室から遠く離れたところで」は、**far away from the operating room** とします。まとめると、**Doctors could perform surgeries far away from the operating room.** が正解になります。

口頭チェックテスト **Words&Phrases**

□	① 発見	discovery
□	② 〜しそうだ	be likely to *do*
□	③ 〜をもたらす	bring
□	④ 治療	treatment
□	⑤ 睡眠不足	lack of sleep
□	⑥ 引き起こす	cause
□	⑦ 手術室	the operating room
□	⑧ 手術を行う	perform surgery

口頭チェックテスト **Sentences**

□ ① この発見は、5年以内にその病気の治療法にさらなる改善をもたらしそうだ。
This discovery is likely to bring further improvement in the treatment of the disease within five years.

□ ② 睡眠不足はさまざまな病気を引き起こす可能性があるんだよ。
A lack of sleep can cause various diseases.

□ ③ 手術室から遠く離れたところで医師が手術を行うことができるかもしれない。
Doctors could perform surgeries far away from the operating room.

PATTERN 84 医療用語に精通する②

和文英訳クイズ

日本語を参考にして、下の空所に適切な英語を書きなさい。

患者たちの出身国がどのように健康リスクに影響するのか一度も聞いたことがない。

I have never heard [ ].

主語を補うと、文の骨格は「私は〜一度も聞いたことがない」で、**I have never heard** 〜となっています。「患者たちの出身国がどのように健康リスクに影響するのか」は、疑問詞の how を使って、**how my patients' home countries affect their health risks** とします。これを空所に入れて完成です。完成した英文は **I have never heard how my patients' home countries affect their health risks.** が正解になります。続いて、**演習問題**に進みます。

演習問題

次の日本語を英語に直しなさい。

寂しい、あるいは孤立していると感じることは飢えや喉の渇きと同じくらいの生態信号なのだ。

文の骨格は「〜と感じることは…と同じくらいの生態信号なのだ」なので、**Feeling 〜 is as much a biomedical signal as ….** とします。a biomedical signal という名詞を as 〜 as の「〜」に置くことができないので、much を置くことで「同じくらいの〜」とします。Feeling の後ろは「寂しい、あるいは孤立している」なので、**lonely or isolated** とします。

続けて、「飢えや喉の渇きと同じくらい」は、as の後ろに **hunger or thirst** とします。完成した英文は、**Feeling lonely or isolated is as much a biomedical signal as hunger or thirst.** になります。続いて、**応用問題**に進みます。

応用問題

次の日本語を英語に直しなさい。

研究者たちは、不老不死を目指しているのではなく、健康寿命を延ばすことを目指している。

文の骨格は「研究者たちは～を目指しているのではなく、…を目指している」なので、**not A but B**「A ではなくて B」と **aim for ～**「～を目指す」を使って、**Researchers aim not for ～ but for ….** とします。「不老不死」は **immortality** で表すので、**not for immortality but for extending health expectancy** とします。まとめると、**Researchers aim not for immortality but for extending health expectancy.** が正解になります。

口頭チェックテスト **Words&Phrases**

□	① 患者	patient
□	② 出身国	home country
□	③ 健康リスク	health risk
□	④ 影響する	affect
□	⑤ 寂しい	lonely
□	⑥ 孤立している	isolated
□	⑦ 飢え	hunger
□	⑧ 喉の渇き	thirst
□	⑨ 生態信号	biomedical signal
□	⑩ 研究者	researcher
□	⑪ 不老不死	immortality
□	⑫ ～を目指す	aim for ～
□	⑬ 健康寿命	health expectancy
□	⑭ 延ばす	extend

口頭チェックテスト **Sentences**

□ ① 患者たちの出身国がどのように健康リスクに影響するのか一度も聞いたことがない。

I have never heard how my patients' home countries affect their health risks.

□ ② 寂しい、あるいは孤立していると感じることは飢えや喉の渇きと同じくらいの生態信号なのだ。

Feeling lonely or isolated is as much a biomedical signal as hunger or thirst.

□ ③ 研究者たちは、不老不死を目指しているのではなく、健康寿命を延ばすことを目指している。

Researchers aim not for immortality but for extending health expectancy.

PATTERN 85 医療用語に精通する③

和文英訳クイズ

日本語を参考にして、下の空所に適切な英語を書きなさい。

これまでの研究から、運動不足や睡眠の質の低下、ストレスなどの生活習慣上の問題が早死にや病気につながっていることが分かっています。

Previous research has found that [ ].

文の骨格は「これまでの研究から、～ことが分かっています」なので、「以前の研究によると、～と分かっている」と読み換えて、**Previous research has found that ～.** とします。「～」には「運動不足や睡眠の質の低下、ストレスなどの生活習慣上の問題が早死にや病気につながっている」が入るので、**lead to** ～「～につながる」、**B such as A** を使って、**lifestyle issues such as lack of exercise, poor sleep quality, and stress lead to early death and diseases** とします。

完成した英文は、**Previous research has found that lifestyle issues such as lack of exercise, poor sleep quality, and stress lead to early death and diseases.** になります。続いて、**演習問題**に進みます。

演習問題

次の日本語を英語に直しなさい。

遺伝子に加えて、食事、喫煙、飲酒、ストレス、睡眠不足、運動不足といった後天的要素が、がんを含むいくつかの病気の原因である。

「遺伝子に加えて」から、**in addition to** ～「～に加えて」を使って、**In addition to genes,** とします。文の骨格は「～のような後天的要素が、…いくつかの病気の原因である」なので、**acquired factors such as ～ are the causes of some diseases** …とします。「後天的な」とは「生まれつきではなく、あとから身に備わる」の意味で、**acquired** で表します。逆に生まれつき備わっているという意味の「先天的な」は、**innate** で表すので、おさえておきましょう。

「〜」には「食事、喫煙、飲酒、ストレス、睡眠不足、運動不足」が入るので、**diet, smoking, drinking, stress, and lack of sleep and exercise** とします。「…」には「がんを含む」なので including 〜「〜を含んで」を使って、**including cancer** とします。

まとめると、**In addition to genes, acquired factors such as diet, smoking, drinking, stress, and lack of sleep and exercise are the causes of some diseases, including cancer.** が正解になります。続いて、**応用問題**に進みます。

応用問題

次の日本語を英語に直しなさい。

それは人への寄生生物としてはよくあるもので、世界の人口の約半分が感染しているとの推計もある。

「それは人への寄生生物としてはよくあるもので」は、**It is common as a human parasite** で表します。「寄生生物」や「寄生虫」は **parasite** で表すことをおさえておきましょう。後半の「世界の人口の約半分が感染しているとの推計もある」は、**it is also estimated that** 〜「また〜と見積もられている」を使います。さらに「〜に感染している」は **be infected with** 〜で表して、**about half of the world population is infected with it** とします。

まとめると、**It is common as a human parasite, and it is also estimated that about half of the world population is infected with it.** が正解になります。

口頭チェックテスト Words&Phrases

① これまでの研究	previous research
② 運動不足	lack of exercise
③ 睡眠の質の低下	poor sleep quality
④ 生活習慣上の問題	lifestyle issues
⑤ 早死に	early death
⑥ ～につながっている	lead to ～
⑦ 遺伝子	gene
⑧ ～に加えて	in addition to ～
⑨ 食事	diet
⑩ 後天的な	acquired
⑪ がん	cancer
⑫ 寄生生物	parasite
⑬ ～に感染している	be infected with ～
⑭ ～との推計がある	It is estimated that ～.

口頭チェックテスト Sentences

① これまでの研究から、運動不足や睡眠の質の低下、ストレスなどの生活習慣上の問題が早死にや病気につながっていることが分かっています。

Previous research has found that lifestyle issues such as lack of exercise, poor sleep quality, and stress lead to early death and diseases.

② 遺伝子に加えて、食事、喫煙、飲酒、ストレス、睡眠不足、運動不足といった後天的要素が、がんを含むいくつかの病気の原因である。

In addition to genes, acquired factors such as diet, smoking, drinking, stress, and lack of sleep and exercise are the causes of some diseases, including cancer.

③ それは人への寄生生物としてはよくあるもので、世界の人口の約半分が感染しているとの推計もある。

It is common as a human parasite, and it is also estimated that about half of the world population is infected with it.

PATTERN 86 少子高齢化問題の用語に精通する

和文英訳クイズ

日本語を参考にして、下の空所に適切な英語を書きなさい。

少子化問題については、早急な対策が必要である。

[　　　　　　　　　　　　] are needed for [　　　　　　　　　　　　].

文の骨格は「早急な対策が必要である」なので、最初の空所には、**Urgent measures** が入ります。後ろの空所には、「少子化問題」に相当する英語が入るので、**low birthrate problems** が入ります。ちなみに「高齢化社会」は **aging society** になります。「少子高齢化社会」ならば、**low birthrate and aging society** と表すことができます。完成した英文は、**Urgent measures are needed for low birthrate problems.** になります。**現代の社会問題に関する英語表現**は、和文英訳では必須の知識になるので、おさえていきましょう。続いて、**演習問題**に進みます。

演習問題

次の日本語を英語に直しなさい。

高齢化社会が避けられないのは、言うまでもない。

「～は言うまでもない」は、**It goes without saying that** ～を使います。「高齢化社会」は **aging society**、「避けられない」は **inevitable** で表すので、**an aging society is inevitable** とします。まとめると、**It goes without saying that an aging society is inevitable.** が正解になります。続いて、**応用問題**に進みます。

応用問題

次の日本語を英語に直しなさい。

今や、働き手不足が現実のものとなり、外国人労働者に頼らざるをえない状況にある。

「今や、働き手不足が現実のものとなり」から英語にすると、**Labor shortages have now become real** となります。

後ろの表現は、主語を補うと「私たちは外国人労働者に頼らざるをえない状況にある」から、**we are in a situation where we have to depend on foreign workers** とします。situation「状況」や case「場合」は関係副詞の where を使うので、おさえておきましょう。まとめると、**Labor shortages have now become real, and we are in a situation where we have to depend on foreign workers.** が正解になります。

口頭チェックテスト Words&Phrases

□	① 早急な対策	urgent measures
□	② 少子化問題	low birthrate problem
□	③ 高齢化社会	aging society
□	④ 避けられない	inevitable
□	⑤ ～は言うまでもない	It goes without saying that ～.
□	⑥ 労働力不足	labor shortage
□	⑦ 状況	situation

口頭チェックテスト Sentences

□ ① 少子化問題については、早急な対策が必要である。
Urgent measures are needed for low birthrate problems.

□ ② 高齢化社会が避けられないのは、言うまでもない。
It goes without saying that an aging society is inevitable.

□ ③ 今や、働き手不足が現実のものとなり、外国人労働者に頼らざるをえない状況にある。
Labor shortages have now become real, and we are in a situation where we have to depend on foreign workers.

PATTERN 87 ジェンダー論の用語に精通する

和文英訳クイズ

日本語を参考にして、下の空所に適切な英語を書きなさい。

女性はまだ職場で完全な平等を獲得していない。
Women still do not [ ].

文の骨格は「女性はまだ〜を獲得していない」なので、**Women still do not achieve 〜 .** とします。achieve は「達成する」以外に、「(幸福・名声など) を獲得する」と使うので、改めておさえておきましょう。「職場で完全な平等」が「〜」に入るので、**complete equality in the workplace** とします。完成した英文は、**Women still do not achieve complete equality in the workplace.** になります。女性の権利、社会進出等を含めたジェンダー問題は、現代の重要な社会課題の1つなので、ジェンダー論に関連する英語表現をおさえておきましょう。続いて、**演習問題**に進みます。

演習問題

次の日本語を英語に直しなさい。

日本では、1945年まで女性参政権が認められなかった。

「女性参政権」とは「女性の投票する権利」と読み換えられるので、**women's right to vote** とします。「日本では、1945年まで女性参政権が認められなかった」なので、**until**「〜まで」を使って、**In Japan, the women's right to vote was not allowed until 1945.** が正解になります。続いて、**応用問題**に進みます。

応用問題

次の日本語を英語に直しなさい。

一部の人の耳には、男性が料理の重要性について語るたびに、その人が時計を逆戻しにして、女性を台所へ戻したがっているように聞こえる。

文の骨格は、「～するたびに、その人が…したがっているように聞こえる」なので、**every time** ～「～するたびに」と **as if** ～「まるで～かのように」を使って、**every time ～ , it sounds as if he wants to *do* ….** とします。「～」には「男性が料理の重要性について語る」が入るので、**a man talks about the importance of cooking** とします。

「…」には「その人が時計を逆戻しにして、女性を台所へ戻したがっている」が入るので、**turn back** ～「～を逆にする」を使って、**he wants to turn back the clock and send women back to the kitchen** とします。問題の冒頭の「一部の人の耳には」は、**To the ears of some people** とします。

まとめると、**To the ears of some people, every time a man talks about the importance of cooking, it sounds as if he wants to turn back the clock and send women back to the kitchen.** が正解になります。

口頭チェックテスト **Words&Phrases**

□	① 職場	workplace
□	② 完全な	complete
□	③ 平等を獲得する	achieve equality
□	④ 女性参政権	women's right to vote
□	⑤ 時計を逆戻しにする	turn back the clock
□	⑥ O を～に戻す	send O back to ～
□	⑦ ～ように聞こえる	sound as if ～

口頭チェックテスト **Sentences**

□ ① 女性はまだ職場で完全な平等を獲得していない。
Women still do not achieve complete equality in the workplace.

□ ② 日本では、１９４５年まで女性参政権が認められなかった。
In Japan, the women's right to vote was not allowed until 1945.

□ ③ 一部の人の耳には、男性が料理の重要性について語るたびに、その人が時計を逆戻しにして、女性を台所へ戻したがっているように聞こえる。
To the ears of some people, every time a man talks about the importance of cooking, it sounds as if he wants to turn back the clock and send women back to the kitchen.

PATTERN 88 食品ロスの用語に精通する

和文英訳クイズ

日本語を参考にして、下の空所に適切な英語を書きなさい。

世界の半分が飢えているときに、食べ物を浪費することは正当化できない。
You cannot [   ].

食品ロスの問題は、世界的な問題で頻出なので、使える表現をいくつか用意しておきましょう。上のクイズでは、「食べ物を浪費することは正当化できない」が文の骨格なので、**総称の you** を使って、**You cannot justify wasting food** とします。「世界の半分が飢えているときに」は、**when half of the world is hungry** とします。完成した英文は、**You cannot justify wasting food when half of the world is hungry.** になります。続いて、**演習問題**に進みます。

演習問題

次の日本語を英語に直しなさい。

京都は食品ロスを減らすことを最優先とすると最近発表した。

文の骨格は「京都は…と最近発表した」なので、**Kyoto has recently announced that ….** とします。「…」は、Kyoto を代名詞の it で置き換えて、**it will prioritize ～.** とします。「～」には「食品ロスを減らすこと」が入るので、**reducing food loss** とします。「食品ロス」や「食料廃棄」は **food loss** で表します。現代の重要な社会問題なので、おさえておきましょう。まとめると、**Kyoto has recently announced that it will prioritize reducing food loss.** が正解になります。続いて、**応用問題**に進みます。

応用問題

次の日本語を英語に直しなさい。

世界では全員を食べさせるのに必要な食糧のほぼ半分が毎日捨てられている一方で、9人に1人が充分な食糧を得られていない。

文の骨格は、「～一方で、9人に1人が充分な食糧を得られていない」なので、**While ～, one in nine people doesn't get enough food.** とします。続いて、「～」には「世界では…のほぼ半分が毎日捨てられている」が入るので、**about half of … is thrown away every day in the world** とします。「…」には「全員を食べさせるのに必要な食糧」が入るので、**the food necessary to feed the entire population** とします。ここでいう「全員」は、「人口全体」の意味なので、**the entire population** とします。

まとめると、**While about half of the food necessary to feed the entire population is thrown away every day in the world, one in nine people doesn't get enough food.** が正解になります。

口頭チェックテスト Words&Phrases

□	① 浪費する	waste
□	② 正当化する	justify
□	③ 食品ロス	food loss
□	④ 最優先とする	prioritize
□	⑤ 発表する	announce
□	⑥ 捨てる	throw away
□	⑦ ～を食べさせる	feed

口頭チェックテスト Sentences

□	① 世界の半分が飢えているときに、食べ物を浪費することは正当化できない。
	You cannot justify wasting food when half of the world is hungry.
□	② 京都は食品ロスを減らすことを最優先とすると最近発表した。
	Kyoto has recently announced that it will prioritize reducing food loss.
□	③ 世界では全員を食べさせるのに必要な食糧のほぼ半分が毎日捨てられている一方で、9人に1人が充分な食糧を得られていない。
	While about half of the food necessary to feed the entire population is thrown away every day in the world, one in nine people doesn't get enough food.

おわりに

本書を手に取り、ここまで読んでくださり、本当にありがとうございました。本書では、和文英訳を体系化して、88のパターンに振り分けて、学習効率を徹底して高めることを狙いとして書き上げました。

88のパターンを理解することに加えて、**口頭チェックテスト**で、**日本語⇒英語の転換を徹底して練習することが大切**になります。

和文英訳が受験で必要な方は、本書を使って、**日本語⇒英語の転換を毎日練習**してください。私たち日本人の英語学習は、英文読解に膨大な時間を注いできたばかりに、その反対の和文英訳に苦手意識を持つ人が少なくありません。しかし、毎日練習することで、人間には必ずその能力を磨き、伸ばす力が備わっています。**Practice makes perfect.**「**習うより慣れろ**」という真理は、どの学問にも当てはまるものですが、とりわけ英語という語学には、1つの真理になります。

試験本番まで、日本語⇒英語の転換を毎日続けてください。そうすることで、必ずや試験本番では良い成果を期待できるでしょう。

なお、受験で自由英作文が必要な方は、拙著『大学入試 すぐ書ける自由英作文』も活用するとよいでしょう。

皆さんの健闘をお祈り申し上げます。

肘井　学